Chinese History for Teenagers
少年中国史

内忧外患下的帝国崩塌

清·下

佟洵 赵云田·主编

北京理工大学出版社

版权专有　侵权必究

图书在版编目（CIP）数据

内忧外患下的帝国崩塌：清.下 / 佟洵，赵云田主编. —北京：北京理工大学出版社，2020.6　（2021.2重印）
ISBN 978 - 7 - 5682 - 8306 - 9

Ⅰ. ①内… Ⅱ. ①佟… ②赵… Ⅲ. ①中国历史 – 清代 – 少年读物 Ⅳ. ①K249.09

中国版本图书馆 CIP 数据核字（2020）第 049878 号

内忧外患下的帝国崩塌
清·下

出版发行 / 北京理工大学出版社有限责任公司	
社　　址 / 北京市海淀区中关村南大街5号	
邮　　编 / 100081	
电　　话 /（010）68914775（总编室）	
（010）82562903（教材售后服务热线）	
（010）68948351（其他图书服务热线）	
网　　址 / http://www.bitpress.com.cn	
经　　销 / 全国各地新华书店	
印　　刷 / 河北盛世彩捷印刷有限公司	
开　　本 / 710 毫米×1000 毫米　1/16	
印　　张 / 14	责任编辑 / 顾学云
字　　数 / 236 千字	文案编辑 / 朱　喜
版　　次 / 2020 年 6 月第 1 版　2021 年 2 月第 6 次印刷	责任校对 / 周瑞红
定　　价 / 34.00 元	责任印制 / 边心超

图书出现印装质量问题，请拨打售后服务热线，本社负责调换

前言

北京联合大学教授　佟洵

　　清朝是我国历史上最后一个封建王朝，统治中国长达268年之久。清朝晚期，即1840年鸦片战争爆发至辛亥革命的历史时期。晚清社会性质发生了改变，沦为半殖民地半封建社会，所以这一时期又称为近代历史时期。

　　鸦片走私给中国带来无穷的灾难，直接毒害了中国人民的身心健康，而且造成白银大量外流和清政府的财政危机。非法的鸦片贸易激起了中国人民强烈的反对，清政府采取了严厉的禁烟措施，派遣钦差大臣林则徐到广东查禁鸦片，但是英国却以中国查禁鸦片为借口发动了侵略中国的战争。自1840年鸦片战争以来，英国、法国、日本、美国、俄国、德国等资本—帝国主义列强先后对中国发动了数十次侵略战争，给中国人民的生命财产造成了不可估量的损失。资本—帝国主义列强还强迫中国签订了《南京条约》《黄埔条约》《望厦条约》《瑷珲条约》《北京条约》《马关条约》《辛丑条约》等不平等条约，侵占中国领土，疯狂掠夺中国财富，打破了中国独立的国家地位，主权的沦丧，自然经济的解体，使中国由一个独立的封建大国一步一步地沦为半殖民地半封建社会。资本—帝国主义列强对中国的野蛮侵略和无耻掠夺，是近代中国贫穷落后的根源，也是阻碍中国社会进步发展的最大障碍。帝国主义和中华民族的矛盾，封建主义与人民大众的矛盾，是清朝晚期的主要矛盾。推翻中外反动势力的统治，争取民族独立和民族解放，是实现中华民族伟大复兴的前提。

　　鸦片战争失败后，中国被卷入西方资本主义的旋涡中，中国民族危机与社会危机不断加深，国内的阶级矛盾日益激化。清政府把大量战争经费与赔款转嫁给百姓、银贵钱贱的压榨、赋税与徭役的重担、官府衙门的贪索，以及土地兼并所导致的大批农民失去土地而流离失所，迫使广大的贫苦农民走上了反抗的道路，洪秀全领导的太平天国农民起义就是中国广大农民失去生活之路、被逼而反抗的例证。太平天国农民起义虽然被中外反动势力联合镇压而失败了，但是它却猛烈地冲击了清朝的封建统治。随着民族矛盾的激化，反抗侵略斗争的日益高涨，到19世纪末，终于汇合成声势浩大的义和团反帝爱国运动，粉碎了帝国主义列强瓜分中国的野心。以农民为主体的民众，是中国反帝反封的主力军。

面对强敌压境的现实和国家的艰难时世，林则徐第一个了解西方，主编《四洲志》，并提出"师敌长技以制敌"的思想（魏源：《道光洋艘征抚记》卷上"林则徐奏言"）。林则徐，是中国近代史上放眼看世界的第一人。第二次鸦片战争的惨败惊醒了清王朝的当权派，一些官吏提出了奋发图强、借法自强等主张。19世纪60年代初，从维护清朝封建统治与镇压农民起义出发，而力主自强的官吏形成了所谓的洋务派，其核心人物是恭亲王奕䜣和文祥，以及地方实力派官吏曾国藩、李鸿章、左宗棠、张之洞等。洋务派本着"中学为体，西学为用"的宗旨，兴办了安庆内军械所、江南制造总局、福州船政局、湖北枪炮厂等近代兵工厂，并创办了新式海陆军。为了弥补自强运动中的财力不足，洋务派从19世纪70年代起又以求富为目的，通过官办、官督商办、官商合办的方式陆续开办了轮船招商局、开平矿务局、天津电报局、上海机器织布局、汉阳铁厂等民用近代企业。洋务运动在推行自强运动的过程中把近代机器工业引入中国，客观上促进了中国近代工业的产生和民族资本主义的发展。随着西学的传播，必然激发中国人新的探索，开启了逐步怀疑和否定封建思想观点的历程。

清末"新政"与"预备立宪"，说明清廷在专制王朝摇摇欲坠的形势下为了消弭革命风暴，开展一些顺应潮流的兴革，但是清王朝绝不可能放弃专制统治、改变其卖国的本质。因此，清王朝必定在辛亥革命的风暴中走向灭亡。

目录

少年中国史

清

虎门销烟 /10
- 清政府的禁烟运动 /14

第一次鸦片战争爆发 /16

三元里抗英 /26

师夷长技以制夷 /28

陈化成勇战吴淞口 /30

金田起义 /32

太平军的理想国 /34

曾国藩兴建湘军 /36

天京事变 /38

英法联军入侵 /44

- 旷世浩劫圆明园 /54

太平军大破洋枪队 /56

辛酉政变 /60

李鸿章建淮军 /64

京剧诞生 /66

慈禧太后专政 /68

天京陷落 /72

江南制造总局 /78

福州船政局 /80

天津教案 /82

左宗棠收复新疆 /84

步算中西独绝伦 /86

程长庚与京剧 /90

袁世凯总督朝鲜 /92

红顶商人胡雪岩 /94

冯子材镇南关大败法军 /98

台湾首任巡抚刘铭传 /100

北洋水师 /104

中日甲午战争 /108

严复与《天演论》 /114

洋务运动失败 /118

《马关条约》失台湾 /124

三千万两"赎辽费" /128

● 清朝对台湾地区的管理 /132

公车上书 /134

李鸿章出访游列国 /136

戊戌变法 /148

无枷之囚禁瀛台 /152

义和团廊坊大捷 /154

八国联军进北京 /156

晚清第一文字狱"苏报案" /164

我手写我口 /166

中枢重臣张之洞 /168

"状元实业家"张謇 /170

詹天佑和京张铁路 /172

孙中山成立同盟会 /178

预备立宪的失败 /184

保路运动 /186

秋风秋雨愁煞人 /190

暗杀摄政王 /194

武昌起义 /198

中国航空之父冯如 /202

伶界大王谭鑫培 /204

晚清四大谴责小说 /206

电信与邮政 /208

● 燕京八景 /212

● 晚清画派 /214

● 晚清中国签订的主要不平等条约 /220

● 中外大事年表对比 /222

目录

清·下

1840年—1912年

这是一个边警频仍、烽烟四起的时代,
天朝上国的美梦在陌生又强大的对手面前
变成了难以醒来的噩梦,
在外夷的枪炮轰鸣中,耻辱一次次烙印
灼伤着一颗颗极力挽救危局的心,
文人译著、武人殉国、平民反抗、官员呐喊,
洋务运动、百日维新、帝国立宪,
开始觉醒的中国大地上风起云涌,
猛烈的革命之风荡涤了腐朽的封建王朝

1839年

道光十八年（1838年）十一月，下令各省严禁鸦片，"务期净尽根株"，"毋以虚饰图功，毋以苟且贻患"。

——《筹办夷务始末》道光朝

虎门销烟

最初不过是救人性命的药材，输入后却逐渐变成了害人误国的毒品。鸦片，自此与大清国的命运纠缠不清，在虎门滚滚的浓烟中，蓄谋已久的战争拉开了序幕。一个长期闭关锁国的王朝，被迫以屈辱的方式睁开了向外看的眼睛。

时间
1839年

地点
广州虎门

背景
国际：工业革命正席卷欧美资本主义国家，以英国为首正寻求国外市场
国内：自然经济为主，闭关锁国，传统贸易出口保持顺差

结果
共销毁鸦片1.9187万箱和2119袋，总重量237.6254万斤

主要影响
打击了外国侵略者的气焰，维护了中华民族的尊严和利益；
唤醒了有识之士的反省意识，开始正确认识中国在世界的地位；
因损害了英国资产阶级利益，成为第一次鸦片战争的导火索

鸦片威胁

18世纪中叶，英国成为西方各国对华贸易的首要国家，但是清政府采取"闭关"政策，结果西方的工业品很难打开中国市场，中国的茶叶、生丝等土特产品大量出口西方国家，中国在对外贸易中一直处于出超地位。

鸦片，学名罂粟，俗称大烟，具有强烈的麻醉功能，可吸食成瘾。鸦片最初是当作药材传入中国的，从18世纪初开始，为扭转贸易逆差，英国商人向中国输入鸦片，每年约200箱左右。到19世纪，英国烟贩无视中国政府的多次禁令，大肆进行非法的鸦片走私贸易，输入中国的鸦片数量不断增加。据不完全统计，清嘉庆五年至九年（1800年—1804年）间，鸦片

清·鸦片烟具
共有5件，分别是烟枪、烟灯、烟盘、小铜勺和刮刀，现藏山东博物馆。在鸦片泛滥的年代，烟枪已经成为许多达官贵人、大地主、大富翁的身份和地位的象征。

输华量每年平均3500箱;嘉庆二十五年至道光四年(1820年—1824年)间,每年平均增至7800余箱。到19世纪30年代迅速增加,道光十八年至十九年(1838年—1839年),竟达3.55万箱。鸦片贸易给英国资产阶级带来了巨大的利益,通过鸦片英国每年从中国掠走的白银达数百万元之巨,中英之间的贸易地位也逐渐发生变化,英国由原来的入超国变为出超国,而且这种差额越来越大。除了英国外,美国、沙俄等国家也向中国输入鸦片。据不完全统计,鸦片战争前的40年间,外国侵略者偷运至中国的鸦片不下42.7万箱,总价值约3亿元以上。

鸦片泛滥严重破坏了中国的社会经济,白银大量外流。道光元年至二十年(1821年—1840年)间,中国白银外流至少在1亿元以上。鸦片的泛滥,给中国社会带来了严重的灾难。吸食鸦片

清朝吸食鸦片者

之风,由达官贵族殃及绅商百姓以及军队官兵,烟民人数越来越多。吸食鸦片对于人的生理和心理都有极大的危害,对此魏源曾说:"今则蔓延中国,横被海内,槁人形骸,蛊人心志,丧人身家,实生民以来未有之大患,其祸烈于洪水猛兽。"

贩卖鸦片的趸船
1842年的油画。由于清朝政府不许在陆地上买卖鸦片,也不准将鸦片存于澳门,于是英商就把鸦片仓库设在船上,名为"趸船",停泊在伶仃洋至台湾地区的周边海域,让走私鸦片者接货付银,也可以立券,凭券可在广州取钱。

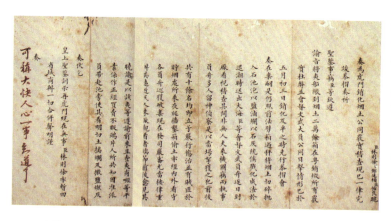

林则徐、邓廷桢、怡良等奏虎门销烟一律完竣折
虎门销烟后，林则徐等将销烟经过上折奏报道光帝，道光帝看完奏折后，红字批示"可称大快人心一事"。

鸦片泛滥严重威胁到清王朝的统治，国库储备越来越少，清政府的财政陷入困境。官吏、兵丁吸食鸦片和从鸦片走私中收受贿赂，吏治更加腐败。

清廷禁烟

到19世纪30年代后期，在清政府内部就鸦片存废问题展开了激烈的争论。道光十六年四月（1836年6月），太常寺少卿许乃济奏请清廷，以为"鸦片烟例禁愈严，流弊愈大"，"应变通办理"。内阁学士兼礼部侍郎朱嶟、兵科给事中许球、江南道御史袁玉麟先后上奏批驳弛禁论，指出鸦片"削弱中原""毒害中华"，必须严禁。

道光十八年闰四月（1838年6月），鸿胪寺卿黄爵滋上书道光皇帝，痛陈鸦片的种种祸害，通过分析过去禁烟未获实效的原因，建议采取"重治吸食"的办法，以抵制鸦片输入。道光皇帝命令盛京、吉林、黑龙江将军及各省督抚人员复议。湖广总督林则徐、两江总督陶澍、四川总督苏廷玉等在复奏中表示赞许。

五月，林则徐遵旨筹议《严禁鸦片章程》六条。随后，他再陈道光皇帝，痛切指出鸦片"迨流毒于天下，则为害甚巨，法当从严。若犹泄泄视之，是使数十年后，中原几无可以御敌之兵，且无可以充饷之银"。道光皇帝深以为然，于是下令各省严禁鸦片，并召令林则徐进京陛见，商计禁烟方略。十一月十五日（12月31日），林则徐被任命为钦差大臣，节制广东水师，前往广州查禁鸦片。

虎门销烟

林则徐于道光十九年正月（1839年3月）抵达广州，到后他"察看内地民情，皆动公愤，倘该夷不知改悔，唯利是图，非但水陆官兵军威壮盛，即号召民间丁壮已足制其命而有余"。他与两广总督邓廷桢、广东水师提督关天培等人合作，积极整顿海防，防御外国入侵；严拿烟贩，惩办不法官弁；严禁国人贩卖、吸食鸦片，凡吸食者要立即呈缴烟土烟具，限期戒除；晓谕外国烟贩，限期呈缴所有鸦片，并出具甘结，保证"嗣后来船永不敢夹带鸦片，如有带来，一经查出，货尽没官，人即正法，情甘服罪"。他毅然表示："若鸦片一日未绝，本大臣一日不回，誓与此事相始终，断无中止之理。"林则徐的举措，得到了广州各界群众的大力支持和拥护，城乡各地纷纷呈缴烟膏烟具，揭发检举鸦片贩子。禁烟运动在广州迅速高涨，不到一个月，英美烟贩被迫缴出鸦片1.9187万箱（其中美国烟贩1540箱）又2119袋，共计重237万余斤。

自四月二十二日（6月3日）起，林则徐在虎门采取海水浸化法将所缴获的鸦片当众销毁，在林则徐的指挥下，人们在海滩高处挖了两个销烟池，长、宽各46.5米，池底平铺石板，四周置桩栏板，池前开一涵洞池后通一水沟。把鸦片分批投入池内，采用盐卤水加石灰浸化办法使其分解销蚀，然后引水入池冲走。直到6月25日，200多万斤鸦片全部被销毁。

虎门销烟是中国禁烟运动中的一次重大胜利，它打击了外国侵略者的气焰，鼓舞了中国人民的斗志，表明了中国人民反抗外国侵略、维护民族尊严的坚强决心。

林则徐雕塑
位于四川成都浣花溪公园。国际联盟把虎门销烟开始的6月3日定为"国际禁烟日"；1987年联合国大会又把虎门销烟完成的翌日定为"国际禁毒日"。

虎门销烟想象图

清政府的禁烟运动

16世纪中后期,葡萄牙、西班牙、荷兰等新老西方殖民主义者为了填充自己贪得无厌的欲壑开始向中国贩运鸦片,最盛时是18世纪70年代,盘踞整个印度半岛的英国殖民者为了扭转与中国贸易往来中所处的不利地位,令其殖民统治的印度专门针对中国人的口味研制熬炼鸦片,由东印度公司经投机商人、鸦片商人之手,将鸦片大量倾销输入中国,致使中国白银大量外流,不仅引发了严重的财政危机,阻碍了商业的发展,还严重毒害了中国百姓的身心健康,破坏了中国的社会生产力和国防力量,削弱了清政府的统治力量。

道光年间福建闽清县颁发的查禁鸦片派保门牌

晚清为吸食鸦片卖女进百花堂(妓院)的许可证

清宣统元年(1909年)销售鸦片的营业执照

吸食鸦片的市民
近代上海,吸食鸦片竟成为一种"社会风尚",上层知识分子与下层穷苦市民均参与到这一行列中。鸦片买卖给上海市面带来一片虚假的繁荣。清政府对鸦片管制的放松更加刺激鸦片的买卖与吸食。这是清末上海市民在烟馆吸食鸦片的场景。

● 清中叶时期禁烟

清中叶以后,鸦片烟毒泛滥已成为严重的社会问题。雍正七年(1729年),清政府开始下令禁烟,但由于并未认真执行而形同虚设。直到嘉庆朝开始,嘉庆帝才开始严厉禁止鸦片,并专门制订了更为严厉的禁烟条例。并同时加强对海口的查禁,杜绝鸦片来源。英美等国鸦片商人遂改道澳门,致使澳门一时成为输入中国内地鸦片的集散地。其后由于葡萄牙人对运入澳门鸦片数量的限制,加上征税过高,外国商人便开始以"夹带私售"的形式大量向国内输入鸦片。

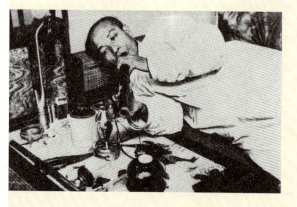

● 道光年间禁烟

清代真正实行禁烟的时期是从道光元年（1821年）至道光十九年（1839年）。道光帝对禁烟尤为重视，他即位后立即采取"源流并治"的方针，颁布"货船开舱验货，开馆者议绞，贩卖者充军，吸食者杖徒"等新规定，封锁黄埔和澳门的鸦片市场，驱逐携带鸦片的外国船只，惩办助纣为虐的国内商人。

从道光十八年（1838年）末开始，全国性的禁烟运动轰轰烈烈地展开，其中以林则徐虎门销烟成效最大。但也给了英国侵华最好的理由，鸦片战争最终以清王朝的失败而结束。

● 清末禁烟

鸦片战争后，已经沦为半殖民地的清王朝对英、美等国的鸦片输入采取了不闻不问的态度，就连国内种植生产鸦片的情况也越来越普遍，一时之间鸦片在全国泛滥成灾。因此，光绪帝即位之初，社会上又出现了禁烟的呼声和活动，甚至在华的外国传教士也积极响

清道光十八年（1838年），道光皇帝和林则徐在商议禁烟的模拟场景

应。光绪三十二年（1906年）清廷正式颁发禁烟章程，并与英方达成有利于禁烟运动的协议。宣统元年（1909年）正月，美、英、法、德、日、荷、葡等13个国家在上海召开"万国禁烟大会"，清廷派两江总督端方率员参加。

这次禁烟活动期间全国关闭了数以万计的烟馆，大部分省市实现了禁种，大批"烟民"戒掉了烟毒，虽然没有达到禁绝鸦片的目的，但也算是颇有成效的。

中国鸦片商对鸦片进行鉴定、称重

1839年—1842年

上谕：而明岁赴浙之船，必当严行禁绝……洋船聚集之所将来只许在广东收泊交易，不得再赴宁波，如或再来必令原船返棹至广。不准入浙江海口。豫令粤关，传谕该商等知悉……嗣后口岸定于广东。不得再赴浙省。

——《清实录》

第一次鸦片战争爆发

在虎门滚滚的尘烟中，下定决心的道光帝宣布断绝中国与英国的贸易。为打开中国国门，英国的远征舰队以炮击广东九龙为起点，揭开了第一次鸦片战争的序幕。

时间
1839年—1842年

背景
英国：资本主义不断扩张，需要广大市场；摆脱经济危机困境，需要把中国变成原料基地和倾销商品的市场；
国内：清廷坚定了对鸦片的清绝之心，断绝了与英国贸易

交战双方
大清、英国

双方兵国
大清：八旗、绿营20万人
英国：东方远征军1.5万人

结果
清政府在战争中失败，被迫签订一系列不平等条约

主要影响
鸦片战争成为中国沦为半殖民地半封建社会的分水岭

战争启端

清道光十九年（1839年）七月，林则徐在广东收缴和销毁鸦片的消息传到英国，英国工商业资产阶级及鸦片贸易集团公司纷纷致书英国政府，要求政府利用机会发动侵华战争，把中国变成英国资产阶级掠夺原料的基地和倾销商品的市场。一个月后，英国外交大臣巴麦尊召见逃回英国的鸦片贩子查顿等人，商讨拟定对中国发动战争的具体计划。

八月二十四日（10月1日），英国召开内阁会议，讨论武装侵略中国的问题，会议做出"派遣一支舰队到中国海去"的决定。九月初，伦敦的"印度与中国协会"向巴麦尊提出了更为系统、详尽的作战方案及一系列侵华要求。在此期间，英军在九龙接连

乔治·懿律
乔治·懿律爵士（1784年—1863年），英国贵族，是一名参加过干涉法国大革命、拿破仑战争、第一次鸦片战争的英国海军军官，巴斯勋章获得者。在第一次鸦片战争中担任英国全权代表和英军总司令，是查理·义律的堂兄。

发动事端袭击中国水师，面对英国的武装挑衅，林则徐主张坚决抵抗，使得英军数次进攻均被击退。

道光二十年（1840年）初，道光皇帝命林则徐断绝中英一切贸易，并出示其罪状，宣告各国。中英双方矛盾日益升级，战争一触即发。随后，英国政府任命乔治·懿律和查理·义律作为同清政府交涉的正、副全权代表，并任命懿律为侵华英军总司令。五月，一支由乔治·懿律率领的由16艘兵船、4艘武装汽船、28艘运输船、4000余名士兵（后增至1.5万）、540门大炮组成的"东方远征军"，相继从印度、开普敦等地到达中国广东海面，第一次鸦片战争正式开始。

武力胁迫，清廷软化

自道光二十年（1840年）五月英军封锁珠江口至道光二十一年（1841年）正月清政府对英宣战之前，历时约7个月，为第一次鸦片战争的第一阶段。在这个阶段，英军实施封锁珠江口、占领定海、北上天津以武力逼迫清政府就范为主要内容的侵略方案；中国方面除广东闽浙一带积极备战外，总体上持消极抗战的态度，几乎没有进行军事部署，在京师重要门户的天津，仅有守军八百，山海关一带，连一尊可用的大炮都没有。

道光二十年六月初二（1840年6月30日），英军按原计划北犯，七月攻陷定海。定海失陷后，道光皇帝动摇了当初的禁烟和抵抗政策，逐渐采取"羁縻"政策，林则徐、邓廷桢等抵抗派遭

广州之战
描绘了清道光二十一年（1841年）六月英国"东方远征军"与清军在广州发生的战事场景。这是清朝正式对英宣战后，清军在靖逆将军奕山带领下对广州一带的英军进行的、自鸦片战争爆发后的首次大规模的反攻行动，但最终以清军失利、与英方签订《广州和约》告终。

乍浦之战中天尊庙之围

描绘了清朝道光二十二年（1842年）六月，为控制长江，封锁京杭大运河，英国远征军在清朝要地乍浦同清军进行的一场战役。由于装备落后，清军不断失守阵地，佐领隆福率领300余名旗兵，在天尊庙击退了英军的数次冲锋，英军最终以战炮和火药相互配合炸塌了大庙，才得以向前推进。

到打击和排挤，妥协派琦善、伊里布等逐渐取得了对英交涉的大权。八月，英军抵达天津白河口，投递巴麦尊给清政府的照会，提出赔款、割地、通商等无理要求。

清廷文武官员惊惶失措，妥协派乘机攻击林则徐，主张同英国妥协。道光帝动摇了禁烟和抵抗的信心，林则徐、邓廷桢被革职查办，琦善被任命为钦差大臣，赴广东办理中英交涉。在交涉过程中，琦善下令撤除珠江口附近的防御设施，并向英国侵略者表示，林则徐等人在广东查禁鸦片实属"办理不善"，保证要"重治其罪"。道光皇帝也颁布开放烟禁上谕，以此向侵略者表明谋求妥协的诚意。

十一月，中英双方开始谈判，集中于赔偿烟价、割让岛屿或增开口岸、交还定海三个问题。琦善同意赔烟价600万元，但增开口岸只应在广州之外再增设一处，不准寄居，应先交还定海后签约。

义律对此不甚满意，道光二十一年（1841年）正月，英军发动突然袭击，攻占大角、沙角炮台，副将陈连升等守台官兵600余人全部壮烈殉国。随后，义律单方面公布"穿鼻草约"，包括割让香港、赔偿烟价600万元、恢复广州通商等项条款。正月初三（1月25日），英军强占中国领土香港，义律向琦善提出割地丧权的所谓"穿鼻草约"，琦善未敢签约，谈判停止。

清廷宣战

自道光二十一年（1841年）正月清政府对英宣战，至四月初七（5月27日）《广州和约》订立止，历时4个月，为第一次鸦片战争的第二阶段。

在第一个阶段里，琦善、伊里布等人的妥协活动，引起广大民众的强烈不满。在清政府内部，倾向抵抗的官员也纷纷奏请罢免琦善，重新起用林则徐、邓廷桢主持抗英斗争。而英国要求割地、赔款的条件，也大大超出道光皇帝可接受的程度。

得知大角、沙角炮台被英军攻陷，道光皇帝十分恼怒，立即下诏对英宣战，任命御前大臣、宗室奕山为靖逆

关天培
关天培（1781年—1841年），字仲因，号滋圃，江南淮安府山阳县（今江苏淮安）人。道光十四年（1834年）调任广东水师提督，道光二十一年（1841年），关天培率部在虎门与英国侵略者激战时壮烈牺牲。

中英第二次定海之战
描绘了发生于清道光二十一年（1841年）十月英国"东方远征军"第二次北上舟山群岛与清军发生一场激烈的战斗场景。最终清军失利，总兵王锡朋、郑国鸿、葛云飞等先后在战斗中阵亡。

将军，户部尚书隆文、湖南提督杨芳为参赞大臣，调集各省军队1.7万人开赴广东。

英军得知清政府调兵遣将的消息后，立即先发制人。二月，英军进攻虎门炮台，水师提督关天培率军英勇抵抗，但因后援不足，官兵400余人壮烈殉国，虎门炮台陷落，广州形势危急。参赞大臣杨芳率军到达广州后，义律从商业利益出发，向杨芳提出休战谈判，双方达成停战协定。

三月，奕山及各省援军先后到达广州，但在作战方面，奕山没有做周密准备，希图侥幸取胜。四月初一（5月21日），他贸然发动了一次夜袭，结果清军大败，英军反扑占领了城郊重要据点，包围并炮轰广州城。

初六（26日），英军准备攻城，奕山等派广州知府余保纯出城乞和。

初七（27日），奕山与义律签订了屈辱的《广州和约》，规定清军6天内撤至离广州60英里以外的地方；一周内缴纳600万元"赎城费"；赔偿英国商馆损失30万元。

中英双方签订《南京条约》
《南京条约》又称《江宁条约》，是中国近代史上的一个中国政府因与非东亚国家战败而需要以确切文件达成开放通商的条约。清政府代表与英军在南京静海寺谈判并在泊于南京下关江面的英军旗舰皋华丽号上签署的，它代表了清廷将开启对外贸易以及锁国政策的终止。

《南京条约》出炉

自道光二十一年（1841年）七月英军从广东海面北上进攻福建厦门开始，至道光二十二年（1842年）七月《南京条约》签订为止，历时一年，为第一次鸦片战争的第三阶段。英国政府对和约所获侵略权益不满，决定撤换义律，改派璞鼎查为全权公使，进一步扩大侵华战争。

道光二十一年（1841年）七月，璞鼎查到达香港，率领英国舰队自广州海面北犯福建厦门。总兵江继芸率清军英勇抗击，力战阵亡，厦门陷落。八月十二日（9月26日），英军继续北上，

吴淞战役

第一次鸦片战争爆发以后，英军沿中国东南海岸线北上，相继攻克厦门、定海、宁波。在杭州湾重镇乍浦沦陷后，清政府为了阻止英国军队北上，并且沿着长江侵入中国大陆，在长江口一侧的吴淞炮台重兵布防。1842年6月16日，英国军队进攻吴淞炮台，激战一日后，吴淞炮台沦陷。因兵力过于悬殊，守备陈化成、韦印福，把总许攀枝等纷纷战死殉国。

璞鼎查

璞鼎查（1789年—1856年），砵甸乍爵士，英国军人及殖民地官员。中英第一次鸦片战争爆发后，因英方觉得从中国得益太小而接任义律到中国，成为香港的行政官、驻华商务总监及英方全权代表。在璞鼎查的指挥下，英军先攻占厦门、定海、镇海和宁波等地，后又攻克吴淞、宝山、上海，占领镇江，最终兵临南京城下，与清廷代表耆英及伊里布等人签订了《南京条约》。

进犯浙江定海。尽管两江总督裕谦、总兵葛云飞、郑国鸿、王锡朋等率5000守军坚决抵抗，但终因寡不敌众，十七日（10月1日）定海再度失陷。二十六日（10月10日），镇海沦陷。二十九日（10月13日），宁波不战而陷。浙东三城在短短的半个月里相继失陷，与此同时，英军还多次侵扰台湾地区，这引起了清政府的恐慌。

为挽回败局，道光皇帝下令重新迎战，以示"天朝兵威"。九月三日（10月18日），道光皇帝任命协办大学士、宗室奕经为扬威将军，侍郎文蔚和副都统特依顺为参赞大臣，往浙江办理军务；同时从各省调集军队近两万人，赶赴浙江前线。

但是奕经离京后，一路上游山玩水，寻欢作乐，经过四个多月才到达浙江前线。奕经与奕山一样，不认真筹划抗敌措施，希图侥幸取胜。道光二十二年正月二十九日（1842年3月10日），他下令清军分三路冒雨夜袭宁波、镇海、定海，结果全军溃散。英军乘机反扑攻陷慈溪。奕经等仓皇逃回杭州，从此不敢再战，却谎报军情，掩败为胜，力主对英求和。

清政府在广东和浙江的两次出师均惨遭失败，加之朝臣中妥协派官员的请奏，促使道光皇帝从忽战忽和转而一意求和。他命令停止进兵，任命盛京将军耆英为钦差大臣，并重新起用伊里布，令他们前往浙江寻求谈判途径。但英方拒绝和谈，决定仍照原计划，大举侵入长江流域下游地区。

四月，英军集中兵力攻陷江浙两省的海防重镇乍浦；五月，英军侵入长江，攻下吴淞炮台，宝山、上海相继陷落；六月，英军进攻镇江，清军副都统海龄（满族）率4000余名满、蒙、汉族将士殊死奋战，终因力量悬殊，守军全部战死，镇江失守。九月初，英军侵入南京下关江面。耆英、伊里布等赶到南京议和，接受了璞鼎查提出的全部条款，签订了丧权辱国的第一个不平等条约《南京条约》。

鸦片战争后一系列不平等条约的消极影响

列强掠夺的权益	消极影响
割地	破坏领土主权
赔款	加重人民负担，国家财政恶化
开埠通商	破坏贸易主权，成为西方资本主义原料产地和商品市场
协定关税	破坏关税主权，影响国家财政收入，阻碍民族经济发展
领事裁判权	破坏司法主权
片面最惠国待遇	破坏贸易主权，使中国在与世界经济交往中处于不平等的地位，方便列强共同掠夺中国

镇江保卫战

清道光二十二年（1842年）7月21日，截断漕运，英国远征军进攻清朝战略要地镇江，此战是鸦片战争的最后一战，也是英军投入兵力最多、伤亡最重的一次。进攻镇江的英军遭到守城清军的强力抗击，英军攻入城内后，守城的旗兵从巷道内涌出，与英军展开激烈的巷战和肉搏战。这场战役成为第一次鸦片战争最惨烈的一次战役。破城后，英军大肆烧杀，把镇江城变成了活生生的人间地狱。

1841年

刀斧犁锄，在手即成军器；儿童妇女，喊声亦助兵威。

——《平海心筹》

三元里抗英

当政府无力，官员无能保护自己时，群众不得不拿起最原始的武器，自发地组织起来保护自己的家园和亲人。这种被迫激发起来的勇气和胆量，给了侵略者意想不到的打击，使英国人看到了中国人民不甘屈服和敢于斗争的英雄气概。

时间
1841年5月

地点
广州北郊三元里

参战方
三元里村民、英军

结果
英军败退

影响
打击了英国侵略者的气焰，鼓舞了中国人民不畏强暴、敢于同西方资本主义强盗拼搏的斗争勇气

三元里抗英令旗三星旗
三元里民众在三元古庙集合时，以庙中"三星旗"作为指挥战斗的令旗，在旗下宣誓"旗进人进，旗退人退，打死无怨"。

道光二十一年四月（1841年5月），奕山与英国侵略者订立屈辱的《广州和约》，和约订立后，为了维持与侵略者的可耻"和局"，奕山等人还发布告示，让老百姓接受局面，不得与英人为难。来自政府上层的退让纵容，使英国侵略者的气焰更为嚣张。他们在广州四郊日夜骚扰，烧杀劫掠，无恶不作。

英军的野蛮暴行和清朝统治者的腐败卖国行径，激起广州人民的强烈义愤，各界民众纷纷自发组织起来抗击侵略，保家卫国。四月初九（5月29日），盘踞四方炮台的英军窜至广州北郊三元里抢劫行凶，奸淫掳掠，这种野蛮行径引发了当地人民的愤怒，人们当场打死英兵数名，其余侵略军仓皇逃走。

为防止英军报复，三元里村民在村北三元古庙集会，商讨败敌之计，当即决定以庙中黑底白边的三星旗为"令旗"，联络附近103个乡的群众，共同抗英。一些具有爱国思想的地主士绅，也加入

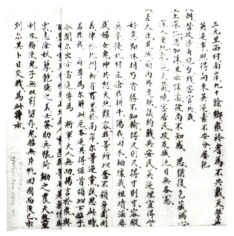

三元里村民的讨英檄文

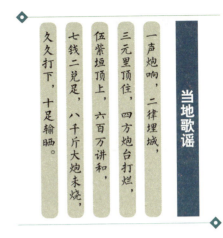

当地歌谣

一声炮响，二律埋城，
三元里顶住，四方炮台打烂，
伍紫垣顶上，六百万讲和，
七钱二兑足，八千斤大炮未烧，
久久打下，十足输晒。

了抗英斗争的行列，成为斗争的组织者和领导者。

四月初十（5月30日），三元里及各乡群众数千人，手持锄头、铁锹、木棍、刀矛、鸟枪等武器，向英军盘踞的四方炮台挺进佯攻。趁着天气阴雨，群众将英军引诱到已经设好埋伏的牛栏岗，当敌人进入埋伏圈后，埋伏四周的七八千武装农民猛冲出来，把英军团团包围。他们手持大刀、长矛等传统兵器，重重围困英军。中午时分，天下大雨，雨水将英军的火药浸湿，火枪无法发挥优势。各乡村民将敌人分割开来，展开肉搏战，杀得敌军官兵"各弃其鸟枪，徒手延颈待戮，乞命之声震山谷"。下午四时多，英军在增援部队到达后，才得以逃回四方炮台。三元里人民群众在这次战斗中，毙伤英军数十名，并缴获大量武器装备。

十一日（5月31日），广州附近佛山、番禺、南海、花县（今花都区）、增城等县400余乡的数万群众赶来，与三元里群众一起将四方炮台层层包围。义律率军赶来救援，也被包围在内。英军派出奸细混出重围，向广州的官府求救。奕山应英军的要求，派广州知府余保纯出城为英军解围，强迫解散群众队伍。英国侵略者在清朝卖国官吏的帮助下，这才狼狈逃出重围。

三元里抗英事件形势图

> 1842年

是书何以作？曰：为以夷攻夷而作，为以夷款夷而作，为师夷长技以制夷而作。

——《海国图志》

师夷长技以制夷

鸦片战争后，严重的社会问题和鸦片战争前后的社会政治经济的变化，让一部分开明的官员和士绅开始认识到时代变了，时代向他们提出了认识西方、学习西方和抵御外侮的要求。在这种新思潮下，出现了一批具有重要启蒙作用的思想家。

主角
魏源

出身
道光二十五年（1845年）乙巳恩科同进士出身

代表作
《海国图志》、《古微堂诗文集》

著名口号
师夷长技以制夷

影响
开启了中国了解世界、向西方学习的新潮流，成为中国思想从传统转向近代的重要标志

鸦片战争前，中国与欧洲各国虽然已经通商多年，但对于这些国家的一切都还是未知，甚至还有一些荒诞不经的观念。鸦片战争的严酷现实教育了中国人民，激发了许多爱国者和学人名士积极探求西方的科学知识，研究外国的历史和地理，逐渐形成了认识西方、学习西方，进而抵御外侮的新思潮，并迅速成为当时思想界的新动向。魏源即是当时先进的代表人物之一。

魏源（1794年—1857年），字默深，湖南邵阳人，生于没落的地主家庭。嘉庆十九年（1814年）到北京就学时结识了龚自珍，他们一起切磋学问，议论时政。同年，他入两江总督裕谦幕府，亲身参与过

魏源塑像
魏源（1794年—1857年），原名远达，字默深，号良图，今湖南隆回金潭人。为晚清思想家，新思想的倡导者、林则徐的好友。魏源认为论学应以"经世致用"为宗旨，提出"变古愈尽，便民愈甚"的变法主张及"师夷长技以制夷"的主张，是近代中国"睁眼看世界"的文人之一。

抵抗英国侵略的斗争。鸦片战争后，他考中进士，后官至高邮知州。

他一直讲求知识要"经世致用"。和龚自珍一样，主张变法革新，认为"天下无数百年不弊之法，无穷极不变之法"。在对外国侵略的问题上，魏源反对当权派的闭塞无知和盲目自大，批判他们拒绝吸取西方国家的"长技"和把机器看作"奇技淫巧"的顽固保守思想。在鸦片战争前，他就对清政府的黑暗统治非常不满，经常抨击时政，主张对清朝的一些弊政实行改革。鸦片战争后，魏源的思想发生了突飞猛进的变化，清廷在鸦片战争中暴露出的愚昧落后和短视，促使他把了解当时世界各国情况看成有重大意义的事。

在爱国主义精神的激励下，魏源于道光二十二年（1842年）在收集资料的基础上，出版了50卷的《海国图志》一书。二十七年（1847年）增补为60卷，咸丰二年（1852年）又增为100卷。这是一部系统介绍西方史地、科技知识的著作，在当时堪称中国人编著的介绍世界知识的"百科全书"。

魏源编写《海国图志》的目的很明确，"欲制外夷者必先悉夷情，欲悉夷情者必先立译馆，翻夷书"。他认为，"夷之长技"有三：一是战舰，二是火器，三是养兵练兵之法。中国要向西方所学的主要是"船坚炮利"，不仅要学习西方的养兵练兵之法，也应当着手建立近代工业。因此，他建议设立造船厂和火器局，制造各种轮船和机器，

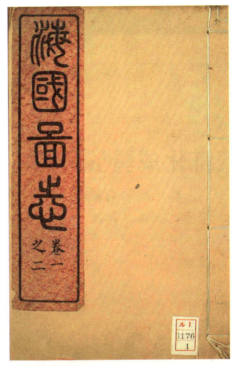

《海国图志》书影
此书是魏源受林则徐嘱托而编写的《海国图志》，是当时介绍西方历史和地理最翔实的专著，"海国"的含义是海外之国。此书树立了"五大洲、四大洋"的新的世界史地知识。

并允许民间自由设厂。他强调在发展近代工业时，应"尽得西洋之长技，为中国之长技"。可见，魏源已经提出了发展资本主义新式企业，编练新式军队作为"强国御侮"的道路了。

魏源编写的《海国图志》还总结了鸦片战争的经验教训，对学习西方、如何富国强兵的问题指明了方向并提出了具体的方法步骤，"师夷长技以制夷"的主张可以说是《海国图志》闪闪发光的中心思想。这不仅对中国的思想界产生了重要的启蒙作用，而且对日本的学术和政治也产生过重要的影响。

1842年

海疆战事起，既绌于兵械，又昧于敌情，又牵掣于和战之无定，畏葸者败，忠勇者亦败。专阃之臣，忘身殉国，义不返踵，亦各求其心之所安耳。呜呼，烈已！偏裨授命者，附著于篇。

——《清史稿》

陈化成勇战吴淞口

鸦片战争爆发后，面对强敌，一些清朝官员主张妥协投降，战事中也出现了腐败和卖国行为，但是爱国官兵英勇抵抗外侮的也大有人在。其中，勇战吴淞口的老将陈化成即是一位可歌可泣的抗英英雄。

时间
1842年6月16日

地点
宝山县吴淞口

参战双方
英军、清军

双方主要指挥官
英军：璞鼎查
清军：江南提督陈化成

结果
吴淞炮台沦陷，陈化成殉国

陈化成像
陈化成（1776年—1842年），字业章，号莲峰，福建同安县（今福建厦门）人，历任水师把总、参将、副将、总兵等职，清朝著名爱国将领。鸦片战争时期，身为江南提督的陈化成守卫吴淞，英勇抗英，战亡。

道光二十二年（1842年）四月，英军退出宁波和镇海，集中兵力进犯江浙两省的海防重镇乍浦，遭到守军的顽强抵抗。但是清军守军人少，英军援兵不断而来，经过三小时激战，占领乍浦。五月，英军侵入长江，全力进攻吴淞口要塞，英军想突破吴淞口进入长江，打入中国内地。

陈化成（1776年—1842年），字业章，号莲峰，谥忠愍，福建同安县人，曾任台湾地区总兵、福建水师提督。鸦片战争爆发后，为了加强江南防务，年近七旬的陈化成被清廷任命为江南提督。到任后，他就亲率士兵部署吴淞防务，做什么事都身先士卒，饮食不计究，生病也从不松懈巡防，为人正直，军纪严明，深受百姓和士兵们的爱戴。

五月初五（6月13日），英军在璞鼎查的指挥下，由鸡骨礁抵达吴淞口外长江江面，双

清道光·铜火炮（一对）
鸦片战争中，清军的火炮威力并非不足，而是命中率太低。宝山等地失陷后，英舰掠走很多清军溃散后留下来的火炮。

方进入临战状态。初八早晨，英军以7艘军舰、5艘轮船及陆军两个团分攻东、西炮台，陈化成守备的西炮台最先开炮，陈化成亲自操纵火炮轰击敌舰，其间牛鉴曾三次派人持令箭要求陈化成进入宝山县城指挥战事，但均被拒绝。上午10时许，英军军舰暂时撤退调整，清军以为英军败退，便向宝山县内的两江总督报捷。牛鉴竟耀武扬威地前来观战，结果在中途被英军炮击仪仗，匆忙逃往太仓。随同逃走的还有宝山县知县周恭寿及2000余名守城官兵。

不久，英军占领吴淞，并从侧后方陆路向西炮台进军。在小沙背阵地与东炮台阵地的守军都各自逃亡的情况下，西炮台孤立无援，被英军四面包围。在此情形下，陈化成率队坚守吴淞口炮台，面对强敌顽强抵抗。他把部下的官兵召集起来，说："我二十岁投军，到如今快五十年了。在这几十年当中，出生入死的次数真是难以数计。人生在世，总有一死。为国捐躯，死了也值得……"他鼓舞官兵要同侵略者决一死战，并亲至炮台指挥作战，给敌军以重创。

强敌在前，很多怕死的兵士不战而逃，最后仅剩下陈化成的亲兵数十人仍旧坚守。最终，因兵力过于悬殊，陈化成、韦印福、许攀枝等纷纷战死殉国。陈化成阵亡在吴淞炮台后，安徽武进士刘国标将其遗体藏在芦苇荡，几天后运到嘉定县（今嘉定区），暂时放在关帝庙。嘉定县令练廷璜拭净遗体上的血迹，取出了数十块弹片，并聘请画家程庭鹭绘下将军遗容。殡葬时数万人罢市哭奠，灵柩随后运回福建。

随后，宝山、上海相继陷落，英军溯长江西上，直到最后侵入南京下关江面，清政府被迫与英军议和，签订了丧权辱国的《南京条约》。

咄咄吟

一战甬江口，督臣死提臣走；
再战吴淞口，提臣死督臣走；
三战乃及金陵城，江涛寂静喋不声。
陈将军后谁敢兵。
君不见走者皆弃诸市，死者长如生。

——清·贝青乔

> **1851年**
>
> 秀全以匹夫倡革命,改元易服,建号定都,立国逾十余年,用兵至十余省,南北交争,隐然敌国。当时竭天下之力,始克平之,而元气遂已伤矣。
>
> ——《清史稿》

金田起义

多次科举考试失利,激发了他对清朝封建统治的不满,他决心同科举功名决裂,探索救国救民的道路。最终他从某些宗教仪式和农民斗争中找到了灵感,创立拜上帝教,在中国历史上开创了属于自己的时代。

背景

鸦片战争后,中国社会的主要矛盾日益尖锐,国内到处孕育着革命的种子

时间

1851年1月11日

地点

广西桂平县金田村

起义领导核心

洪秀全、杨秀清、萧朝贵、韦昌辉、石达开

装扮特色

蓄发易服,头裹红巾

意义

中国历史上几千年来中国农民战争的最高峰;一方面加速了清王朝的崩溃,另一方面拖延了中国殖民地化的进程

洪秀全(1814年—1864年),广东花县人,农民家庭出身。多次科场失意,使洪秀全觉悟到清朝统治的黑暗,触发了内心的激愤。

清道光二十三年(1843年),他阅读了传教士散发的基督教布道小册子《劝世良言》,深受启发,于是按照书中的启示,祈祷上帝,自行施洗,创立"拜上帝会",并开始从事传教活动。

族弟洪仁玕和同乡同学冯云山先后入教,并帮助洪秀全一起在广西开展传教活动。在传教期间,洪秀全先后撰写了《原道救世歌》《原道醒世训》《原道觉世训》和《太平天日》等作品,除宣传上帝创造一切、主宰一切的功能,要人们朝夕敬拜外,还提出同"皇上帝"相

洪秀全像

洪秀全(1814年—1864年),原名洪仁坤,小名火秀,广东花县(今广州花都区)客家人。他是清末宗教组织拜上帝会创始人、太平天国运动的农民领袖以及太平天国的建立者。1837年大病痊愈后,声称梦见天父着白袍于梦境赐宝刀玺印给他,遂后来建立太平天国,自称"天王"。

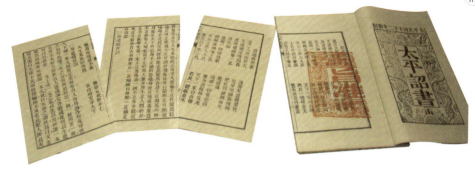

对立的"阎罗妖",号召天下兄弟姐妹应当共同击灭之。拜上帝会经过积极的酝酿和准备,起义的条件逐步成熟。

道光三十年(1850年)春夏间,洪秀全发布总动员令,要求各地会众于11月4日前到金田村"团营",整编队伍。一万多名会众先后到金田会合后,按军事编制建立起了武装集团。同年年底,太平军先后在思旺和蔡村江与清军展开战斗,由此开始了与清廷的武装对立。

道光三十年十二月初十(1851年1月11日),洪秀全在自己生日这天,率众在金田宣布起义,建号太平天国,波澜壮阔的太平天国农民战争正式爆发。

金田起义后,太平军挥师东进。咸丰元年二月二十一日(1851年3月23日),洪秀全在广西武宣县东乡登基称天王,二十三日(3月25日),天平军攻克永安州,这是起义以来攻克的第一座州城。太平军在此驻守半年时间,进行了各项政权建设。

十月二十五日(12月17日),洪秀全颁布

洪秀全著作

为更好地传教,洪秀全撰写了《原道救世歌》《原道醒世训》和《原道觉世训》,现藏于南京太平天国历史博物馆。

封王诏令,封杨秀清为东王、萧朝贵为西王、冯云山为南王、韦昌辉为北王、石达开为翼王,正式确立了太平天国的领导核心。随后,太平军从广西经湖南、湖北、江西、安徽,一直打到江苏,席卷6省。

咸丰三年二月十一日(1853年3月20日),太平军占领南京,把南京定为首都,改名天京,建立起与清王朝对峙的农民政权。

金田起义是农民阶级自发组织的一次反对清政府腐朽统治和地主阶级压迫、剥削的正义斗争,太平军所到之处受到群众的欢迎和拥护,推动太平天国起义得到迅速发展。太平军的胜利进军和定都天京,沉重地打击了清王朝的统治。

太平天国洪秀全玉玺及玺文

印文为:太平玉玺,天父上帝,恩和辑睦,天王洪日,天兄基督,救世幼主,主王舆笃,八位万岁,真王贵福,永定乾坤,永锡天禄。

1853年

务使天下共享天父上主皇上帝大福,有田同耕,有饭同食,有衣同穿,有钱同使,无处不均匀,无人不饱暖也。

——《天朝田亩制度》

太平军的理想国

太平天国定都天京后,进行了一系列制度建设,在政治、军事、经济、文化等方面采取了许多巩固政权的措施,其中最重要的是《天朝田亩制度》的颁布。太平天国的领导者们希望通过施行这样的方案,建立"有田同耕,有饭同食,有衣同穿,有钱同使,无处不均匀,无人不饱暖"的理想社会。

时间
1853年

颁布组织
太平天国

代表文件
《天朝田亩制度》

性质
建国基本纲领

核心思想
平均、平等

内容方面
土地分配、产品分配、政治制度、婚姻制度、诉讼审判制度

实施情况
大部分措施未能在太平天国统治区内有效实施

评价
既具有革命性,又具有封建落后性

清咸丰三年(1853年),太平天国定都天京后,进行了一系列制度建设,颁布了纲领性文件《天朝田亩制度》。

《天朝田亩制度》根据"凡天下田,天下人同耕"的原则,确立了平均分配土地的方案,即把每亩土地按每年产量的多少,分为上、中、下三级九等,然后好田坏田互相搭配,好坏各一半,按人口平均分配。凡16岁以上的男女每人得到一份同等数量的土地,15岁以下的减半。同时,还提出"丰荒相通"、以丰赈荒的调剂办法。

太平军腰牌

除了解决土地问题之外,《天朝田亩制度》还对农副业生产和分配等问题,做了一系列具体规定。生产和分配都由农村政权的基层组织"两"来实行管理,每25户为一"两"。分得土地的农民,都要参加农副业生产劳动。在分配问题上,规定每"两"生产的农副业产品,"除足其二十五家每人所食可接新谷外,余则归国库。凡麦、豆、苎麻、布帛、鸡犬各物及银钱亦然"。25家中婚丧等事所需要的银钱粮食,都由每"两"所设的国库开支。鳏寡孤独、疾病残废等丧失劳动能力的人,都由国库供养。太平天国的领导们希望通过这样的方案,建立"有田同耕,有饭同食,有衣同穿,有钱同使,无处不均匀,无人不饱暖"的理想社会。

这个文件还设置了官僚制度,规定太平天国的最高领导为天王,天王具有高度集权。天王之下设王、侯两等爵位,爵位和职官不分文武,军政兼管,既处理政务,又带兵打仗。官员实行世袭制度,表现了封建的等级关系。

在妇女问题上,《天朝田亩制度》中规定,妇女同男子一样可以分得土地,废除买卖婚姻。提倡"一夫一妇",禁止娼妓、缠足、买卖奴婢等。他们还建立了女军,设立了女官。这些措施对封建宗法制度起到了冲击作用。但是,洪秀全、杨秀清等领导者仍沿袭历代封建帝王的妃嫔制。事实说明,他们没有摆脱封建社会的传统影响。

在思想文化领域,太平天国对孔

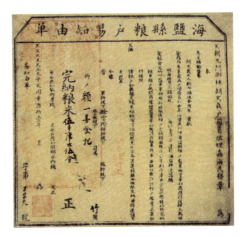

太平天国纳粮凭证

子和儒家经书的正统权威进行了一次冲击。太平天国在考试制度上也进行了一些改革,"无论何色人,上至丞相,下至听使,均准与考"。考试的题目"不本四书、五经"。此外,还颁行了"天历",改革了旧的历法,删除了旧历书中阴阳祸福、吉凶生克等内容。

太平天国建立了一套从中央到地方的政权机关,颁布和实行了一系列的制度和政策,表现了反封建的革命精神。但是,太平天国毕竟是农民战争,农民阶级受其本身的局限也决定了其理想国的封建落后性。《天朝田亩制度》所提出的平分土地方案,是农民阶级对地主土地所有制的否定,反映了当时广大贫苦农民强烈要求获得土地、追求平等平均的愿望。但是农民的绝对平均主义思想不可能使社会生产力向前发展,相反,它将使社会生产力停滞在分散的小农经济的水平上,把农业和家庭手工业相结合的自给自足的自然经济理想化、固定化。

1853年

取明戚继光遗法，募农民朴实壮健者，朝夕训练之。将领率用诸生，统众数不逾五百，号"湘勇"。

——《清史稿》

曾国藩兴建湘军

太平军所向披靡，势如破竹，让清朝统治者认识到仅靠日益懒散的正规军平定内乱无济于事，于是另辟出路，把希望寄托于地主团练。曾国藩所办湘军，就是其中之一。

时间
1853年

创建者和总指挥
曾国藩

湘军特点
讲究"忠信"、"忠义"；
作战时，水路相依，互相支持

组织关系
以同族、同乡、同学、师生、亲友等关系为纽带

评价
成为维护清王朝统治和镇压太平天国最重要的一支地主武装力量

曾国藩
曾国藩（1811年—1872年），初名子城，字伯涵，号涤生，宗圣曾子七十世孙。湖南湘乡人，清末兴办洋务事业的首创者，晚清"中兴第一名臣"。中国近代政治家、战略家、理学家、文学家，湘军创立者和统帅。主张引进西方的军事装备、机器生产和科学技术。后人辑其所著诗、文、奏章、批牍等为《曾文正公全集》。

自太平天国农民起义军在广西桂平县金田村竖起反抗清朝封建统治的大旗后，发展迅速，太平军自广西入湖南、进湖北，顺长江而下，经江西、安徽、江苏，改南京为天京，建立政权。懒散和战斗力不强的八旗和绿营兵无可依靠，迫使清政府不得不把遏制太平军的希望寄托于地主团练，组织地主反动武装。

咸丰元年（1851年）清政府即下令广西筹办团练。两年后，清政府下令各省速办团练，并屡次颁发奖励团练的命令，力图利用各地的地主武装来遏制太平军势力的发展。曾国藩所办湘军，即是众多地主团练中最为凶悍的一支武装。

曾国藩（1811年—1872年），字伯涵，湖南湘乡人，出身地主家庭，道光朝进士，官至礼部右侍郎。咸丰二年（1852年）太平军入湖南时，他因丧母在籍，被清政府任命为帮办团练大臣，在湖南兴办团练。曾国藩在湘

刘坤一

刘坤一（1830年—1902年），字岘庄，湖南新宁人。晚清军事家，政治家，湘军宿将。咸丰五年（1855年）参加湘军楚勇与太平军作战，后因带领湘军立下战功，累擢直隶州知州，赏戴花翎。中日甲午战争时，任湘军统帅指挥湘军出关与日军交战。支持变法，提出兴学育才、整顿朝政、兼采西法等主张，称"江楚三折"，多为清廷采纳。

乡地主罗泽南、王鑫招募的千名团勇的基础上，从兵源、选将、营制以至训练办法方面，"别树一帜，改弦更张"，效仿明戚继光的成法，练成了一支不同于绿营制度的军队"湘勇"，后称"湘军"。

湘军在兵源上，采取逐级自行招募的办法。曾国藩以同乡和伦常的封建情谊作为维系湘军的纽带，选将募勇坚持同省同县的地域标准，鼓励兄弟亲朋师生一同入伍，甚至同在一营。实行士兵由营官自行招募，每营士兵只服从营官一人，整个湘军只服从曾国藩一人，形成一种严格的封建隶属关系。当时湘军士兵只在湖南省内，主要在长沙、宝庆二府内召募，尤以湘乡人为多。

湘军在将士素质上，要求"凡募勇，取技艺娴熟，年轻力壮，朴实而有农气者；其有市井衙门气者不用"；而在将官上则选择绅士与儒生，其主要将领大多有同乡、同学、师生、亲友关系，且是气味相投，讲求"忠君"、"卫道"的程朱理学忠实信徒。罗泽南、彭玉麟、李续宾等都是湘军的营官，他们和曾国藩一样，都是既笃信程朱理学，又热心于经世致用之学。

湘军特别强调对士兵进行严格训练。在"训"字上，"以忠义激励将士"，进行封建伦理和纪律教育，严禁将士吸食洋烟（鸦片）、打牌押宝（赌博）、奸淫妇女和结盟拜会等。在"练"字上，则加强练队伍和练技艺。每天必须按规定出操、练习各种武艺和阵法、巡逻放哨和列队点名等，要求行动整齐，勇于作战。

此外，湘军官兵俸饷优厚。湘军初建时，部分军饷由清政府提供，后来随着战争的扩大，曾国藩便自行筹措。湘军就地筹饷，主要通过办捐输、运饷盐、兴厘金、拨丁漕、请协济、提关税、收杂捐等方式，使得湘军官兵俸银大大优于绿营，将士因此大多能够勇于效命。

咸丰四年（1854年）湘军练成水陆两军，共1.7万多人。自此后，曾国藩和他的湘军成为清朝统治和镇压太平天国的最重要的地主武装力量。

1856年

（杨秀清）诡为天父下凡，召洪贼至，谓曰："尔与东王，皆为我子，东王有咁大功劳，何止称九千岁？"洪贼曰："东王打江山，亦当是万岁。"

——《金陵省难纪略》

天京事变

作为中国历史上规模最大、水平最高的一次农民起义，太平天国的崛起几乎动摇了清王朝统治的根基。但是，在太平天国鼎盛时期，其领导集团却内讧不断。激烈的矛盾冲突引发天京事变，直接导致了新生政权分崩瓦解，昙花一现。

时间
1856年

起因
杨秀清骄傲专横，逐渐难以节制，逼洪秀全封其为万岁

经过
北王韦昌辉屠尽东王杨秀清一系，翼王石达开责其滥杀，结果家属与府内部属被杀；
为息众怒，洪秀全不得不杀了燕王秦日纲、陈承瑢及韦昌辉

性质
太平天国领导层严重的内讧

影响
涣散了人心，损失了数员大将和兵力，与清军形势发生逆转；
洪氏兄弟上台，为石达开的出走埋下隐患

太平天国安民诰谕
太平天国癸好三年（1853年），太平天国左辅正军师东王杨秀清、太平天国右弼又正军师西王萧朝贵致四民各安常业诰谕。

权属不明，积怨益深

道光二十七年（1847年）年底，拜上帝会主要人物冯云山在广州被俘，洪秀全亲自赶赴广州营救。因拜上帝会暂时群龙无首，为稳定局面，教众杨秀清、萧朝贵分别自称被"天父上帝"、"天兄耶稣"下凡附体，取得了教众们的信任。之后，洪秀全不得不承认杨秀清和萧朝贵的身份。至此，杨、萧二人的神权身份俨然高于洪秀全"天父次子"的地位，和洪秀全一起成为拜上帝会的领袖。

洪秀全宣布建立太平天国后，自称天王。起义

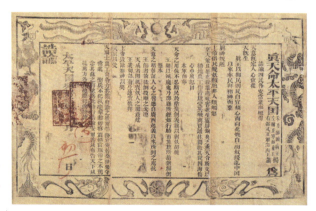

初期,洪秀全大力宣扬"天下一家"理论,和将领们"敝衣草履,徒步相从",深得民众信赖,影响力越来越大。美国公使麦莲的随员在访问天京后,有感于太平天国声势,于《华北先驱周报》上撰文称:"照现在的形势来看,没有什么东西可以阻碍他们的胜利,有之,唯内讧而已。"一语成谶。太平天国繁荣气象的背后,高层领导之间的积怨正日益加深。

身为天王,洪秀全是太平天国的最高领袖。可是,从伦常角度看,他在教会中"天父次子"的身份,却低于"天父附体"的东王杨秀清。杨秀清"天父附体"时,即便是洪秀全也须俯身参拜。杨秀清"天父附体"时的行为和命令,洪秀全也不得不遵从,这使太平天国在最高政权之外,又出现了最高神权。

建都天京后,杨秀清"威风张扬,不知自忌"。他"天父附体"次数愈加频繁,时常借天父下凡名义召集官员至东王府商议军政要事,还当

太平天国士兵装束
西方人眼中的太平天国时期的天王、枪兵和火枪手。

众责打过韦昌辉、秦日纲等高级将领。面对日益跋扈的杨秀清,洪秀全隐忍不发,多次公开表示"东王所言,就是天父所言也"。一团和气促涨了杨秀清的权力欲望。

咸丰六年(1856年)六月,在解

太平天国早期诸王

封号	人名	出身	死亡原因
天王	洪秀全	耕读世家	病逝天京
东王	杨秀清	贫苦农民	被韦昌辉所杀
西王	萧朝贵	贫苦农民	天京失陷后被清军所杀
北王	韦昌辉	富农之家	被洪秀全处死
南王	冯云山	殷实之家	中伏被清军火炮击中牺牲
翼王	石达开	小康之家	以保全军队主动被擒,受清军凌迟而死

除了江南大营围城的危机后,杨秀清竟然以天父下凡的名义"逼天王亲到东王府封其万岁"。这时,陈承瑢又向洪秀全密告,说杨秀清有弑君篡位之心。情况一下子变得紧急起来。

东王灭门

七月,洪秀全密召韦昌辉和石达开入京。正在江西督师的韦昌辉火速赶回天京,八月初三(9月1日)深夜,北王韦昌辉率领部众与燕王秦日纲会合,内应陈承瑢打开了城门,他们将东王府层层包围,同时派重兵守住通往东王府的每一条巷道。之后,一场血腥屠杀开始了,杨秀清手下官吏及其眷属无一幸

太平军画像

太平天国礼拜堂
太平天国的教育是以宗教形式进行,每25家设一礼拜堂,礼拜堂兼学校。凡礼拜日,伍长各率男妇至礼拜堂,分别男行女行,听讲道理,赞颂祭奠天父上主皇上帝。凡内外诸官及民,每礼拜日听讲圣书,虔诚祭奠,有敢怠慢者,废黜为农。

免。及至天明,东王府已是"尸骸横陈"、"尸首堆积",经行之路均需"踏血而过"。

屠尽东王府后,洪秀全和韦昌辉又对东王麾下士兵进行屠戮。事发后,据加入太平军并目击天京事变经过的爱尔兰人坎尼(Canny)口述,外籍记者雷诺兹撰文的《镇江与南京》记载,洪秀全和韦昌辉将东王军6000余人集而杀

太平天国乡帅木印

木质，阳刻宋体印文居中，四周饰以海水云龙纹，印背上端阴刻"正"字。太平天国建立后，天王级别用玉玺，其他各级官署之长均用长方形木印。太平天国兵制：五人为伍，伍长统之；五伍为两，以两司马统之；四两为卒，以卒长统之。五卒为旅，设旅帅；五旅为师，设师帅；五师设军，以旗帜、号衣、腰牌等表明番号。

咸丰帝朝服像

咸丰帝（1831年—1861年），即位后便勤于政事，广开言路、明诏求贤，对朝政颇有改革。但此时的大清帝国已是内忧外患不断，先后爆发有太平天国运动以及第二次鸦片战争。

天王宝座
位于南京太平天国纪念馆,太平天国时的荣光大殿,上悬"太平一统"横额,两边有一副对联:天命诛妖杀尽群妖万里河山归化日,王赫斯怒勃然一怒六军介胄逞威风。

之,又展开声势浩大的搜捕行动,在天京城内挨家挨户搜寻东王余孽,凡是与东王杨秀清有过接触的人,无论男女老幼,均被残忍杀害。血腥屠戮之下,恐怖的阴影笼罩全城,死于此变的太平军优秀将领和战士不下两万人。

等石达开赶到后,一切都已经尘埃落定了。面对天京的混乱局面,石达开谴责韦昌辉杀戮过甚,双方不欢而散。石达开敏锐察觉到了韦昌辉对自己的杀意,及时逃出城外,但其城内的家属及部属被韦昌辉杀死泄愤。

处死北王

不久,石达开从安庆起兵讨伐韦昌辉。同时,天京内部将领对韦昌辉的残暴行径也多有不满,齐向洪秀全奏请严惩韦昌辉。迫于内外压力,洪秀全不得不下令处死韦昌辉。作为帮凶,燕王秦日纲及陈承瑢一并被处死。

韦昌辉死后,石达开回到天京,受到洪秀全重用,得到"提理政务"的大权。不过,洪秀全对石达开并未完全信任,又加封自己两位才德平庸的兄长为安王、福王,名义上是与石达开共同理政,实际却加以掣肘。这导致了日后石达开的出走,加速了太平天国的败亡。

之后,为掩饰天京内大屠杀名目模糊的尴尬,洪秀全又加东王以死后哀荣。他颁发诏书,将东王遇难的那一天定为"东升节",还将自己第五子过继到东王名下封为"幼东王"。

1856年—1860年

八月癸亥，洋兵至通州，载垣诱擒英使巴夏礼解京。戊辰，瑞麟等与洋兵战于八里桥，不利。命恭亲王奕䜣为钦差大臣，办理抚局。

——《清史稿·本纪二十》

英法联军入侵

第一次鸦片战争后，英国从中国市场快速获利的预想并没有实现。为了迫使中国增辟更多的商埠，开放长江和内地贸易，英国与力图深入内地传教的法国一拍即合，两个强盗的阴谋以战争的名义又一次揭开了序幕。

时间
1856年—1860年

参战方
中国大清、英国和法国

双方主要指挥官
中国：奕䜣、僧格林沁、叶名琛
英国：詹姆斯·霍普·格兰特、迈克尔·西摩尔
法国：孟托班、葛罗、卜罗德

导火线
亚罗号事件、马神甫事件

重要战役及事件
广州城战役、大沽口战役、八里桥战役、火烧圆明园、《天津条约》、《北京条约》

影响
外国资本主义的侵略势力由东南沿海进入中国内地，并日益扩展；
外国公使驻京加强了对清政府的影响和控制，使中国社会进一步半殖民地化

亚罗号事件

清咸丰六年九月初十（1856年10月8日），一艘商船自厦门开往广州，中途停泊在了黄埔。这艘名为"亚罗号"的船上，大约有12名水手，全是中国人，涉嫌从事走私活动。船主苏亚成是香港华人，曾为了走私方便，在香港的英国当局注册登记，但已经过期。广东水师在提前摸清情况的条件下展开了逮捕行动，一举将船上的2名海盗和10名有嫌疑的水手抓获。

万万没想到，这件事却被当时的英国驻广州领事巴夏礼

巴夏礼
哈里·斯密·巴夏礼爵士（1828年—1885年），19世纪英国外交家，主要在中国与日本工作。鸦片战争期间为英国驻大清国的公使，第二次鸦片战争期间巴夏礼领导的谈判团因拒绝行跪礼而被清政府扣押，成为火烧圆明园事件的导火索之一。

找到了与中国纠缠不清的机会。他一口咬定：亚罗号曾在香港注册并持有执照，属于英国船只，中国无权扣留；在抓捕人员的过程中，英国国旗被粗鲁地扯下，这是对本国的侮辱。巴夏礼以上述"理由"对两广总督叶名琛提出了强烈抗议，要求立即释放被捕人犯，并向英国政府道歉。

叶名琛在回复中辩解说：亚罗号由中国水手操控，又是中国人所有，因此不适用于《虎门条约》；当时并未悬挂英国国旗，只是悬挂了信号旗，也就不存在英国国旗被扯下受辱的问题。不过，叶名琛虽然拒绝道歉，但同意释放9名人犯。

巴夏礼对这个回复显然并不满意，对香港总督宝灵说，英国在《虎门条约》中获得的权利受到侵犯，国旗也遭到侮辱。宝灵觉得，乘机将这个事件升级为开战的借口，这对于扩大英国在华权益是十分有利的。

要知道，英国近年来执意曲解中美《望厦条约》中关于12年后贸易条款可以稍作变更的规定，为的就是援引最惠国待遇的规则，向清政府提出全面修改中英《南京条约》的要求。希

炮轰过后的广州城墙和海珠炮台
当时英国以南京条约到期为由，向清政府提出修约要求，但不被接受。英法就利用亚罗号事件和西林教案武力攻占广州。

望中国全境开放通商、鸦片贸易合法化、进一步降低进出口货物税率、外国公使常驻北京……多次交涉活动却因清政府断然拒绝而没有结果。似乎只有再次运用炮舰外交才能令中国屈服，得到自己想要的东西。

十一月初十（10月23日），英国驻华海军悍然向广州发动进攻，第二次鸦片战争爆发。亚罗号事件成为导火索，英国人把这场战争称为"亚罗号战争"。

第二年年初，英国政府任命前加拿大总督额尔金为全权代表，率

英军统帅詹姆斯·格兰特
詹姆斯·霍普·格兰特（1808年—1875年），英国陆军上将，第二次鸦片战争中英军陆军部队司令。因为在入侵中国战役中的功绩，英国议会授予他巴斯大十字勋章。

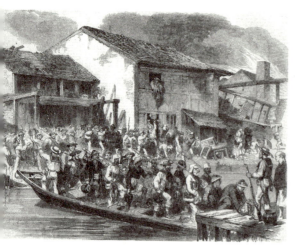

英法联军对广州的洗劫
当时英国伦敦新闻画报以标题《重返的复仇者》对广州城战役进行了报道。广州城沦陷后，英军经过一番抢掠督署后退出，并放火焚烧洋行及附近的民宅数千家。

领一支海陆军来到中国。此前，法国正在就"马神甫事件"与中国交涉，同样没有什么进展。于是，英国向法国政府提出联合出兵的要求。法国任命葛罗为全权代表，与英国联合出兵。

咸丰七年（1857年）年底，英法侵略军5600余人（其中法军1000人）在珠江口集结完毕，即将大举进攻。

六不总督

对于两广总督叶名琛来说，现在与英国开战并不适合：他管辖的所有精锐部队全都在江浙一带作战，广州城内兵力空虚；两广的财力也已经在镇压太平军的战争中消耗殆尽。

战争开始后，叶名琛上书咸丰帝："我觉得与洋人硬拼的话，必然不是对手，万一王师在战场上受了一点挫败，都会损伤天朝无往不胜的声威，还会破坏已经与英国维持多年的和平局面。洋人只是为了通商这样的经济利益，谅他们也翻不出多大的浪来，所以不如听任其作为，最后肯定还是要回到谈判桌上来解决问题的。广东民风彪悍，洋人今后要想与广东人民相安无事，想必也不会大动干戈。"可见，他把作战的希望主要寄托在民众的反抗之上。

他是这样想的，也是这样做的。

两万余名民兵被组织起来对英国职业军展开了夜以继日的骚扰：他们用装满火药的沙船袭击岸边的英军军营，虽然没有造成敌人伤亡，但也着实吓唬了300名英军士兵；他们沿用1600年前赤壁之战的火攻之法，将四只筏子点燃后顺水漂到英国军舰旁，造成了敌军的混乱……

叶总督认为，条约一经签署就应该永久信守，不应再有什么大的更改。所以对洋人的无理要求采取了不闻不问的政策，"死不交涉"。

当英军三艘军舰已经越过虎门、攻占广州东郊猎德等重要炮台时，叶名琛闻讯后只是微微一笑："放心，肯定没事，洋人很快会自己撤退的。命令我军遇到敌船后收起旗帜，不准开炮还击。"次日，英军又攻占凤凰岗等处炮台，叶名琛仍不动声色，断言十五日无事。

在场的人无不心存疑虑：叶大人"十五日无事"的预言有何依据呢？

原来,叶名琛的镇定自若来自一场封建迷信活动。他在总督衙门建了一个"长春仙馆",里面供奉着吕洞宾、李太白两位大仙,一切军政大事都取决占卜的指示。"十五日无事"正是两位大仙透露给他的天机。

结果广州城恰恰在14天后沦陷。当时民谣说:"叶中堂,告官吏,十五日,必无事。十三洋炮打城惊,十四城破炮无声,十五无事卦不灵。洋炮打城破,中堂仙馆坐;忽然双泪垂,两大仙误我。"

咸丰七年(1857年)十一月,叶名琛在自己的总督府当场被俘。曾有人在广州沦陷之前劝他逃走,被他断然拒绝。于是,他在事后突然变成了中国战败的替罪羊,被讥笑为"不战、不和、不守、不死、不降、不走"的"六不总督"。他还是很冤枉的:"不战",是因为无险可守、无兵可用、无钱可用;"不和",是因为无法在尚未战败的情况下就轻易接受丧权辱国的条件;"不守",其实还是做了一些防御工作的,只是犯了不少错误;"不死",是因为他把自己的被俘当成一种机会;"不降",关系到天朝的脸面和个人的尊严;"不走",他不愿走也不能走,逃了便是怯懦和失职。叶名琛这样做有很多的无奈,何尝又不是整个清王朝的无奈呢?

叶名琛不死、不走,其实是希望能去英国晋见君主,向那位他以为的"最高统治者"当面阐明大清的和平意愿,并借机与对方当面理论:既然两国在鸦片战争后已经签约和好,为什么又要无端挑衅,犯我中华?究竟孰是孰非?

他以"海上苏武"自命,被俘后依旧保持着"天朝上国"的自尊,自备粮食,不因寄人篱下而卑躬屈膝。但当叶名琛得知自己被押送到印度的加尔各答而非英国,没有可能面见英国国王之后,他明白:自己已经没有当面理论的机会了,死成了唯一的归宿。在用完从中国携带的粮食之后,绝食而死。

第二次鸦片战争期间英国报纸关于清廷两广总督叶名琛被俘的报道

在英法联军密集的炮轰声中,清军士兵逃窜一空,两广总督官府内叶名琛仍坐在衙府冷静地批阅文件。当联军逐个搜查各个衙门时,家丁劝叶名琛逃亡,叶名琛不肯,最终被联军发现擒获,叶名琛被俘后押至英舰送往印度加尔各答,不久死去。

大沽炮台上战死的清军

英法联军先从北塘登陆,陆续拿下新河、塘沽,接着从大沽炮台北侧进攻,清军奋起反击,因北炮台的火药库爆炸后溃败,北炮台被联军攻下。之后僧格林沁以咸丰帝的命令放弃南炮台,剩余清军撤退到天津。

八里桥战役
八里桥一役，清军的全面溃败为英法联军打开了通往北京的道路。随后咸丰帝及皇后宫廷贵妃等人以北狩为名逃往承德避暑山庄。

大沽口战役

咸丰八年（1858年）二月，攻陷广州后的英法联军抵达大沽口（今天津滨海新区），派千人向炮台侧面登陆，守城清军发炮反击，两小时后清军战败，南北炮台陆续被攻陷。联军占领炮台后，沿河到达天津城。五月清廷在英、法、美、俄公使的胁迫下，签订了《天津条约》。

咸丰九年（1859年），借去北京换约之机，英法联军又一次挑起了战争。五月二十五日（6月25日），英海军司令贺布亲率12艘军舰从拦江沙开往海口，下午3时进攻大沽炮台，清军在僧格林沁的指挥下，英勇抵抗，由于指挥得当，英法换约护送联军惨败。清军取得了自鸦片战争以来的第一次胜利。

大沽口惨败的消息传回欧洲，引起骚动。咸丰十年（1860年）三月，英法当局派出额尔金和葛罗分别率领英军一万余人，法军7000人，以攻入北京为目标。五月，联军占领定海，后又陆续占领大连湾、烟台，整个封锁了渤海湾，大连湾和烟台遂成为进攻大沽口的前进基地。

九月，在清政府的无心抗战主旨下，联军顺利从北塘登陆，随后占领新河，紧接着是大沽口炮台的失陷。

火烧圆明园

八月初六（1860年9月20日），铁帽子王僧格林沁率两万精锐八旗和一万蒙古铁骑在八里桥向8000余英法联军发起了英勇的攻击。战斗历时近四个小时，清军伤亡过半，骑兵全军覆没；英法联军仅死5人，伤46人。法军军官吉拉尔在《法兰西和中国》中做了详细的描述："光荣应该属于这些好斗之士，他们没有害怕，也不出怨言，慷慨地洒下自己的鲜血……八里桥之役，中国军队以少有之勇敢迎头痛击联军。尽管他们呼喊前进，勇猛和反复地冲杀，还是一开始就遭到惨败！"

就这样，清朝自以为"骑射无双"的军事力量被现代化枪炮组成的强大火力撕得粉碎；同样被撕得粉碎的，还有"天朝上国"的脸面——英法联军攻占北京，而被誉为"万园之园"的圆明园也在16天后被付之一炬。

清军不敌英法联军，被迫谈判求和。在此过程中，清廷扣押了对方谈判代表巴夏礼等39人，僧格林沁要求他们传话给英法联军，只有对方同意撤兵，扣押的人质才会被释放。巴夏礼说这件事做不了主，僧格林沁就让巴夏礼跪着，摁着他的头往地上磕。

39名代表全部被押解回京，除了巴夏礼和英国对华全权专使额尔金的秘书被关押在刑部大牢，其余人都被关押在圆明园。其中20人被酷刑虐待而死，后来清政府在英法强烈要求下释放的幸存俘虏也早已半死不活。为了报复清廷虐待使节和不守信用的"野蛮"行为，英法联军决定焚毁已经被他们纵兵劫掠过的圆明园。这一原因为后世史学界大多数学者所认同。

九月初五（10月18日），英军第一军团米启尔骑兵团一部开始到处纵火，大火蔓延了三天三夜。这座举世无双的园林杰作和艺术宝藏，被付之一炬，大约300名太监、宫女、工匠葬身火海。

在圆明园熊熊燃烧之时，奉命留守北京的恭亲王奕䜣答应了侵略者的一切条件。不久，《北京条约》正式签订。中国不仅被迫增加了许多通商口岸，也损失了100多万平方千米的土地，1600万两白银的巨额军费赔款更是一笔沉重的负担。

英法联军占领圆明园时场景

《天津条约》签字图

53

旷世浩劫圆明园

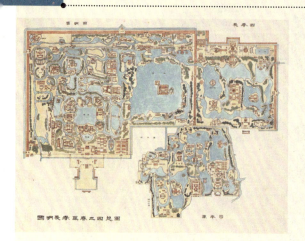

圆明三园
圆明园最初是康熙皇帝赐给皇四子胤禛（即后来的雍正皇帝）的花园，清代著名的皇家园林之一，圆明三园面积5200余亩，150余景。经过60多年的陆续扩建，终于建成了中国有史以来最宏伟的皇家园林。

圆明园四十景图（局部）
清乾隆年间宫廷画家沈源、唐岱所绘，绢本彩本，第二次鸦片战争中被英法联军劫掠，现收藏于法国巴黎国家图书馆。

圆明园位于北京西郊，为清朝皇帝的离宫御苑。原址为明朝一个贵族的废园，康熙皇帝将其赐予皇子胤禛（即后来的雍正皇帝）。重新整修后，康熙皇帝将其改名圆明园，取意于雍正的法号"圆明"。该园经康熙、雍正、乾隆、嘉庆、道光、咸丰六朝150余年的不断修建，耗费无数人力、财力和物力。

圆明园规模宏伟、景色秀丽，雍正及以后历代皇帝每到夏秋多在此避暑并处理政务。该园由圆明园、长春园、万春园三园组成，又称圆明三园，总面积达5000余亩，有风景建筑群100余处。园内不仅移植了许多江南名园胜景，再现了前人诗画意境，还吸收与融合了一些欧洲建筑园林艺术，集中了当时中西建筑和园林艺术的精华。园内藏有无数极为珍贵的珍宝、中国历代图书典籍和文物书画、艺术珍品，是一座罕见的文

西洋楼大水法残迹现状

化宝库,被誉为"一切造园艺术的典范"和"万园之园"。

就这么一座人类文明的宝库,被英法联军疯狂抢劫12天,他们将宝物能拿的抢走,不能拿走的就加以毁坏。洗劫一空后,又放了一把大火。在数日不熄的大火中,这座经过清朝一百多年经营,汇集中国人民血汗的结晶,综合中西建筑艺术,聚集古今艺术珍品的壮丽无比的皇家园林变成了一片废墟。

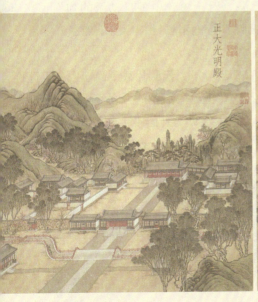

正大光明殿

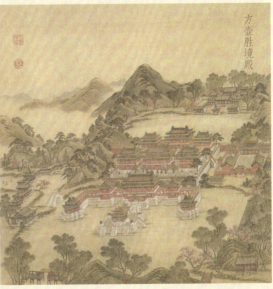

方壶胜境殿

1860年—1862年

先是煦与华尔约,城克,鳌贼所有以予。至是入贼馆,空无所得,以五千金酬之。令守松江,又募练洋枪队五百,服装器械步伐皆效西人。

——《清史稿》

太平军大破洋枪队

太平军攻破江南大营后,直捣上海。而上海地处苏南前哨,是中外反动势力勾结的基地。当第二次鸦片战争尚在进行时,在上海的清朝地方官僚、地主、买办即与外国侵略者开始握手言欢,共同策划镇压起义。洋枪队即是外国侵略者协助清政府对抗太平军的一支重要军事力量。

时间
1860年—1862年

地点
松江、青浦

主要参战方
洋枪队、太平军

双方主要指挥官
华尔、李秀成

结果
太平军大胜,华尔被击毙

华尔像
华尔(1831年—1862年),美国麻省人,清朝聘外籍佣兵常胜军第一任队长。清咸丰九年(1859年)至中国,初任清水师炮艇"孔夫子号"兵士。咸丰十二年(1862年)应江苏巡抚李鸿章之邀,领中国、西洋、吕宋兵1000名洋枪兵,后在指挥进攻慈溪时重伤身亡,时年31岁。

第一次交锋

咸丰十年(1860年),太平军攻破江南大营,席卷苏州、常州后,直捣上海。而上海地处苏南前哨,是中外反动势力勾结的基地。太平天国占领江浙,外国侵略者必然进行武装干涉。因此,太平军攻取上海,对于粉碎中外反动派的勾结,巩固苏浙根据地,保卫天京,都具有重要意义。

当时第二次鸦片战争尚在进行,在上海的清朝地方官僚、地主、买办即与外国侵略者开始握手言欢,共同策划镇压起义。闰三月,英法公使悍然宣布协助清军"保护"上海,随即英法组成联合部队在上海近郊布防。四月,由苏州太道吴煦和买办杨坊出资,雇佣美国流氓华尔招募一批在上海的

外国亡命之徒200多人，组成了"洋枪队"，以协助清军保卫上海地区，共同对抗太平军。

五月，"洋枪队"配合清军进犯松江；六月再犯青浦，李秀成率领太平军迎头痛击，"洋枪队"三分之一被毙伤，华尔也身中五枪，大败而归。太平军乘胜夺回松江，这是太平军反击外国侵略者洋枪队的第一役。

第二次交锋

太平军收复松江后，乘胜进兵上海。由于对外国侵略者的本质缺乏认识，李秀成曾致函各国公使，希望他们保持中立，不要帮助清军，想与"洋兄弟"达成谅解。但英法联军置之不理，猛烈向太平军开火。结果太平军第一次攻上海失败。

咸丰十一年十二月（1862年1月），李秀成克复浙江后，乘胜兵分五路再次进攻上海。沿途发出布告，要求外国侵略者与太平军"各宜自爱，两不相扰"。太平军连克松江、奉贤、南汇、高桥、周浦等城镇。这时外国侵略者已决定撕掉"中立"假面，拔刀相向。

同治元年正月初十（1862年2月8日），清政府正式批准在上海成立"中外会防公所"，筹划"借师助剿"和中外反动武装联防事宜。二月，清政府把华尔的"洋枪队"改名为"常胜军"，扩编至5000人。英、法正规军队也陆续

查尔斯·乔治·戈登
查尔斯·乔治·戈登（1833年—1885年），英国人，于同治二年至四年（1863年—1864年）参加镇压太平天国的起义，是华尔的第二个继任者，后来至埃及建立殖民据点，变成了埃及的"帕夏戈登"。

调集上海，沙俄也派兵参加干涉军。随后，李鸿章的淮军由英国轮船也陆续运抵上海。中外反动派公开勾结，连陷七宝、嘉定、周浦、青浦、南桥等地，并向太仓进犯。

四月十九日（5月17日），李秀成自苏州率精锐万余人赶到，立即展开反攻。太仓一战，杀伤侵略军和"常胜军"几百人，歼清军5000人。太平军乘胜追击，收复嘉定、青浦，重创外国侵略者，活捉常胜军副统领法尔思德，并把华尔和常胜军紧紧困在松江城内。

五月中旬，太平军进兵至法华镇、徐家汇、九里桥，直逼租界和县

洋枪队进攻被太平军占领的城市

城。清军闻风丧胆,外国侵略军也龟缩在上海不敢出城。曾国藩在其奏折中引用左宗棠的话说:"夷人之畏'长毛',亦与我同。委而去之,真情毕露。"正当此时,湘军主力水陆并进进围天京,天京告急,李秀成率师回援,第二次进攻上海功败垂成。

战局扭转

在太平军主力投入天京保卫战时,苏、浙战场形势发生根本变化。在苏南战场,同治二年正月(1863年3月)英国军官戈登接任"常胜军"统领,三四月间李鸿章率淮军联合戈登"常胜

上海万国商团的徽记

万国商团,又称上海义勇队,成立于清咸丰三年(1853年),当时为抵御太平军侵入,由英、美领事组织成立的外国侨民民兵武装。被当时的人们称为"洋枪队"。因这支准军事组织的成员来自多个国家,所以又称"万国商团"。同治九年(1870年),万国商团由上海工部局接管,成为其常设机构。随后历年扩军,其最高指挥机构为总司令部,设总司令一名,副总司令若干名,下有骑兵队、野炮队、轻炮队、工程队、铁甲车队、步兵队等。到了20世纪30年代,编制达到1500多人,已经成为一支正规军队。

军",以上海为基地向西进犯,陆续攻陷太仓、昆山、吴江等地,十月攻陷苏州,标志着太平天国苏南战场的瓦解。

在浙江战场,同治元年四月(1862年5月),英、法干涉军与清军攻陷宁波后,仿照"常胜军",成立了由华人充士兵、洋人当军官的两支中外混合的反动武装,即中法混合军("常捷军")和中英混合军("常安军"、"定胜军")。外国侵略者和清军结为同盟,向太平军进犯。

太平军进行了英勇抵抗,于八月在慈溪击毙来扰的"常胜军"统领华尔,并于第二年在绍兴屡败反动联军,先后打死"常捷军"统领勒伯勒东及其继任者。但这些局部战斗的胜利,不能改变整个战场的被动局面,慈溪、绍兴等城先后失守。衢州、严州、杭州、金华各府县也相继被左宗棠的湘军攻陷。太平军的浙江根据地基本瓦解。

洋枪队装束

左边为军士长,右边为炮兵手,中间举枪瞄准的是着夏装的步兵。洋枪队,后称常胜军,指中国清朝对抗太平天国后期,清官、商出资与英法等外国军官,中国、南洋等地区佣兵组成的武装。

李秀成主持会议图

英国呤唎写意画。呤唎(1840年—1873年),英国伦敦人,近代最早投身于中国反封建、反侵略斗争的外国人,加入太平军时归于忠王李秀成,并为其训练军队。太平天国失败后,回国著有《太平天国革命亲历记》。同治元年(1862年),因天京围急,李秀成在苏州王府两次召开军事会议。画中李秀成身着朝服,慷慨陈词,左右坐着诸王。

▶ 1861年

肃顺方护文宗梓宫在途，命睿亲王仁寿、醇郡王奕譞往逮，遇诸密云，夜就行馆捕之。咆哮不服，械系。下宗人府狱，见载垣、端华已先在。

——《清史稿》

辛酉政变

一个有野心的女人，不甘于寂寂无闻于后宫，联合重臣成功策划了一次政变，由此改变了清王朝的历史，开启了她近半个多世纪的漫长统治。

时间
1861年

地点
北京

性质
宗室贵族同帝胤贵族争权

参与双方
顾命八大臣
慈禧、奕䜣、文祥

结果
肃顺等八位赞襄政务王大臣被免职，两太后垂帘听政

影响
清政府与外国侵略势力由对立转向联手

咸丰帝在位时，清朝最高统治集团内部就存在着深刻的矛盾。咸丰帝与其弟恭亲王奕䜣因皇位继承问题彼此不合。奕䜣遭到罢斥后，咸丰帝调整统治中枢，重用宗室肃顺，把他从御前侍卫提升为户部尚书、协办大学士，同时重用怡亲王载垣、郑亲王端华等人。肃顺精明能干，但为人专横跋扈，"治事严刻"，招致不少人的怨恨。

英法联军攻打北京时，咸丰帝仓皇出逃热河，恭亲王奕䜣、大学士桂良等人奉谕留北京与英、法议和。奕䜣等人在与英法侵略者交涉过程中，不仅逐渐笼络了留守京城的王公大臣及僧格林沁、胜保等统兵大员，树立起自己的威信，而且开阔了

肃顺

肃顺（1816年—1861年），字雨亭，爱新觉罗氏，清朝宗室，镶蓝旗人，郑献亲王济尔哈朗七世孙，郑慎亲王乌尔恭阿第六子，庶出，母是回人，其同父异母兄端华袭郑亲王爵。咸丰帝临终前指派的顾命八大臣之一，两宫太后发动祺祥之变，肃顺被拘捕，斩首于菜市口。在满人之中，肃顺的民族主义非常特别，他重视汉族，对满人贪婪慵懒的态度非常不屑，非常排斥外国势力。

慈禧太后朝服像

慈禧太后（1835年—1908年）即孝钦显皇后，叶赫那拉氏，同治帝的生母。出身于北京满洲镶蓝旗世袭官宦之家，是同治、光绪年间（1862年—1908年）清朝的实际统治者。

奕䜣

恭忠亲王奕䜣（1833年—1898年），号乐道堂主人，满洲爱新觉罗氏、道光帝第六子、咸丰帝同父异母兄弟。清末洋务派代表人物、主要发起者，曾任总理衙门首席大臣、领班军机大臣、议政王。主政期间，主张学习外国军事科技以加强中国武力，于外交上主张保持与欧美列强的和平，支持并开办了中国早期的近代新式工商业以及政府机关。保守派对其鄙称"鬼子六"。

眼界，以他为中心形成留京大员政治集团。

咸丰帝病死后，遗诏以年方六岁的儿子载淳继位，同时任命亲信怡亲王载垣、郑亲王端华、户部尚书肃顺等八人为"赞襄政务王大臣"，总摄朝政。载淳继位后，改年号为"祺祥"，他的生母叶赫那拉氏（1835年—1908年），由贵妃而尊为圣母皇太后，加"慈禧"徽号，咸丰帝的皇后钮祜禄氏被尊为母后皇太后，加"慈安"徽号。八大臣秉政完全把留守北京的奕䜣排斥在外，又不许慈禧太后干预政事，终使清朝最高统治集团内部的权力斗争激化起来。

慈禧太后是一个权力欲极强、力图取得实际最高统治权的人物，她把慈安太后拉拢到自己一边，暗中联络在京的奕䜣为后援，拉拢握有兵权的胜保等人，密谋铲除肃顺等赞襄政务王大臣。咸丰十一年八月（1861年9月），奕䜣以吊丧的名义至热河，与慈禧、慈安密议后，奕䜣先行回京布置一切。不久，御史董元醇上折，奏请"皇太后权理朝政并另简亲王辅政"，慈禧、慈安特召载垣、端华、肃顺等赞襄政务王大臣会议，议论董元醇的请求。双方争论极为激烈，肃顺等人以"本朝无太后垂帘故事"驳回，要求发下明诏训斥董元醇。相持数日，慈禧迫不得已照办，但她心中对肃顺等人十分愤恨。

九月，咸丰帝的灵柩从承德起运北京。两宫太后和小皇帝先行抵京，与奕䜣共议政变之事。二十九日（11月1

慈安太后像
孝贞显皇后（1837年—1881年），钮祜禄氏，又称慈安太后或东太后，咸丰帝的皇后。同治帝即位后，与西太后（慈禧太后）一起两宫听政长达二十年，直到光绪初年过世为止。

日），慈禧、慈安带着载淳由热河回到北京。次日，大学士贾桢、周祖培、户部尚书沈兆霖、刑部尚书赵光等在奕䜣的暗示下，上奏折"请皇太后亲操政权"。同一天，慈禧、慈安即以贾桢等人的奏请为由，接连发出四道上谕，内容是：向群臣宣示解除赞襄政务王大臣任，赐载垣、端华自尽，肃顺处斩，将其余五大臣革职治罪；命奕䜣为议政王，入军机处；派奕䜣等会议皇太后垂帘听政事宜；大学士桂良、户部左侍郎文祥、户部尚书沈兆霖等人也被任命为军机大臣，改年号"祺祥"为"同治"。慈禧太后夺取了实际的最高统治权力。

1862年

同治元年，遂命鸿章召募淮勇七千人，率旧部将刘铭传、周盛波、张树声、吴长庆，曾军将程学启，湘军将郭松林，霆军将杨鼎勋，以行。

——《清史稿》

李鸿章建淮军

太平天国兴起后，李鸿章在家乡举办团练与太平军对抗，编练淮军，直接受到湘军影响，成为镇压太平天国的主力，继而取代八旗、绿营成为晚清政府最为倚重的军事力量。

时间
1862年

总指挥
李鸿章

淮军特点
淮军各项制度大体承袭了湘军的做法，具有地缘性和私人性的特点。同时在武器装备、西法训练方面更胜湘军一筹。

组织关系
淮军内部以地缘、亲友等关系为纽带联系

评价
淮军是继湘军之后兴起的又一支重要的团练武装力量，在镇压太平天国运动和维护清王朝统治方面发挥了重要作用，并推动了晚清军事制度的变革。

李鸿章(1823年—1901年)，字渐甫，号少荃，安徽合肥人，道光朝进士，翰林院编修。咸丰三年（1853年）在家乡办团练抵抗太平军，继而充当曾国藩幕僚。同治元年（1862年）春，他奉曾国藩之命，依靠当地办"民团"的地主们招募士兵，仿照湘军营制，编成一支7000余人的淮军，成为继湘军之后又一支重要的地主军事武装力量。

四月，首批淮军陆营6500人乘坐上海官绅以18万两巨款租来的外国轮船至上海。李鸿章到达上海后，即大力整顿税政，扩大财源，大力扩军，至1863年攻占苏州时，淮军已增至7万多人。

1860年左右的李鸿章
李鸿章（1823年—1901年），字子黻、渐甫，号少荃，谥文忠、晚清名臣，洋务运动的主要领导人之一，安徽合肥人，世人多尊称李中堂。建立中国第一支西式海军北洋水师，因其尽忠辅清，才干了得而闻名，与曾国藩、左宗棠、张之洞，并称"晚清四大名臣"。曾被英国维多利亚女王授予皇家维多利亚勋章。

淮军源自湘军,各项制度大体承袭了湘军的做法,具有地缘性和私人性的特点。每营五百人,士兵由营房招募,每营士兵只服从营官一人,整个淮军只服从李鸿章一人,军饷亦需自筹,可以向地主富商捐派。李鸿章作为淮军的创始人和统帅,还注重装备军队,他大量购买西式武器,聘请西人教练部队,使得淮军在武器更新、西法训练方面更胜湘军一筹。使用近代武器及西法训练使淮军战斗力大大提高,淮军成为兼具军事政治实力、自成系统的独立集团。

湘军、淮军迅速崛起后,成为镇压太平天国的主力。在官僚、豪绅、富商、买办的支持下,李鸿章与外国侵略者积极合作,英法侵略军和"常胜军"与李鸿章的淮军配合,共同镇压太平天国,对最后击垮太平天国发挥了重要作用。

湘军、淮军这两大团练武装继而取代八旗、绿营成为清政府最为倚重的军事力量,延缓了清政府的败亡,并推动了晚清军事制度的变革。但湘军、淮军的"兵为将有",以及以军队为依托的军事政治集团的崛起,为后来北洋军阀的产生乃至民国军阀割据局面的形成埋下了伏笔。

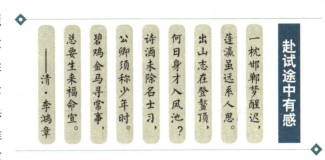

赴试途中有感

一枕邯郸梦醒迟,
蓬瀛虽远系人思。
出山志在登鳌顶,
何日身才入凤池?
诗酒未除名士习,
公卿须称少年时。
碧鸡金马寻常事,
总要生来福命宜。

——清·李鸿章

操练中的淮军
淮军是当时中国装备最优良的陆军,使用进口和本国仿造的西方枪械。

京剧诞生

"国粹"京剧诞生于清道光年间，是以清乾隆以来进入北京的徽班为基础，吸收借鉴了昆曲、京腔、梆子等剧目、唱腔、表演手法而逐步形成的。创始人有程长庚、余三胜、张二奎等。1861年京剧开始入清朝宫廷内演出，并快速发展，直至民国得到空前的繁荣。

京剧的诞生也催生了一批深受人们欢迎的名家名角，如活跃于同治、光绪年间的"同光名伶十三绝"，他们个个身怀绝技，唱腔优美，分别是：张胜奎、刘赶三、程长庚、时小福、卢胜奎、谭鑫培、郝兰田、梅巧玲、徐小香、余紫云、杨鸣玉、朱莲芬、杨月楼。

随着京剧的逐渐成熟，各大流派纷纷形成，在继承中有创新发展，演唱技艺日臻成熟，将京剧推向新的高度。如以委婉古朴的唱腔而著称的谭派、以博采众长见长的王派、以"武戏文唱"的杨派、以气魄取胜的郝派、被誉为"金嗓铜锤"的裘派……鼎盛时期，就老生而言，就有"前四大须生"和"后四大

晚清画师沈蓉圃绘制的《同光十三绝》
前排左起第一位是张胜奎饰《一捧雪》的莫成，第二位是刘赶三饰《探亲家》的乡下妈妈，第三位是程长庚饰《群英会》之鲁肃，第四位是时小福饰《桑园会》的罗敷，第五位是卢胜奎饰《战北原》之诸葛亮，第六位是谭鑫培饰《恶虎村》的黄天霸；后排左起第一位是郝兰田饰《行路训子》之康氏，第二位是梅巧玲饰《雁门关》的萧太后，第三位是余紫云饰《彩楼配》之王宝钏，第四位是徐小香饰《群英会》之周瑜，第五位是杨鸣玉饰《思志诚》之闵天亮，第六位是朱莲芬饰《玉簪记》的陈妙常，第七位是杨月楼饰《四郎探母》的杨延辉。所绘人物形态自然，各具表情，衣帽须眉，真实细腻，为后人研究京剧早期的服饰、扮相和各行角色的艺术特征留下了极为珍贵的形象资料。

《百位京剧人物图》之花脸

《百位京剧人物图》之旦角

《百位京剧人物图》之武生

须生"之分,分别为:余叔岩、言菊朋、高庆奎、马连良、谭富英、杨宝森、奚啸伯;就青衣而言,就有梅(梅兰芳)派、程(程砚秋)派、尚(尚小云)派和荀(荀慧生)派之别。

现在京剧已经成为代表和传播中国文化的一种重要媒介,并在2010年11月被列入"世界非物质文化遗产代表作名录"。

《百位京剧人物图》之丑角

《百位京剧人物图》
《百位京剧人物图》是清末京剧人物图册,包含100幅京剧人物造型装扮图。现藏于美国纽约大都会艺术博物馆。

1861年—1908年

> 上事太后谨，朝廷大政，必请命乃行。顾以国事日非，思变法救亡，太后意不谓然，积相左。
>
> ——《清史稿》

慈禧太后专政

辛酉政变后，慈禧"垂帘听政"，逐渐掌握了清政府的实际最高统治权，从此大权独揽，其专制腐朽的统治给中华民族造成了无穷的灾难。

主角
慈禧

专政时间
1861年—1908年

尊称
老佛爷

信仰
藏传佛教

影响
其铁腕与弄权之能，使得清朝得以续命数十年；
只从维护清朝统治出发，签订的很多条约恶化了近代中国的前途

慈禧太后
同治帝死后，在慈禧的主持下，其妹妹所生之子载湉继位，是为光绪帝。因推行戊戌变法与慈禧发生矛盾，后者发动政变软禁了光绪帝，并杀死了维新六君子，随后临朝称制，以"老佛爷"称之。

慈禧太后虽与恭亲王奕䜣联手发动辛酉政变，除掉了载垣、端华、肃顺等八个赞襄政务大臣，成功夺得了最高统治权，但政变后，叔嫂之间在权力上的矛盾、斗争日渐显露出来。

在政变中，道光皇帝的第七子、慈禧太后的妹夫醇郡王奕譞也参与了密谋。政变后，他因功加亲王衔，授为都统、御前大臣、领侍卫内大臣。奕譞由于是慈禧太后的妹夫，"往往持大柄"，不满意其兄奕䜣大权在握。同治二年（1863年），他奏称"亲贵不当专政"，就是针对奕䜣而发的。在这场新的权力斗争中，慈禧太后和奕譞合作对付奕䜣，伺机而发。在太平天国农民运动被镇压之前，他们之间的矛盾暂时没有公开化。

随着太平天国的失败，清朝的政局逐渐稳定下来，慈禧太后的统治地位也日趋巩固，于是就处心积虑地要削弱奕䜣的权力。同治四年三月（1865

同治帝朝服像

同治帝（1856年—1875年），爱新觉罗氏，名载淳，咸丰帝长子，6岁登基，由嫡母慈安太后和生母慈禧太后共同垂帘听政，驾崩时年仅19岁。

年4月），她突然以奕䜣"办事徇情""妄自尊大""目无君上""暗使离间"等罪名，下诏革除其一切差事。

慈禧太后这一突然的重大政治举措，使许多王公大臣感到惊诧，纷纷上折请求收回成命。慈禧见用权示威的目的已经达到，出于政治需要，也就采取先打后拉的手法，仍令奕䜣管理总理衙门，接着又恢复了他的领班军机大臣的职务，但取消了议政王的称号，且奕䜣处于慈禧的严密控制之下，"事无大小，皆谨守绳尺，无敢偭越"。从此，慈禧太后日益大权独揽。

同时，慈禧以同治帝"典学未成"为由，迟迟不肯撤帘归政。后来同治帝亲政后，也并无实权，同治帝病逝后，继位的光绪帝同样充当了傀儡皇帝的角色。光绪十四年（1888年）由礼亲王世铎提出，得到慈禧首肯的所谓《归政条目》为慈禧继续独掌大权提供了保证。

慈禧归政的十年中，据记载："大约寻常事上决之，稍难事枢臣参酌之，疑难者请懿旨。"在《清史稿》中谓："朝廷大政，必请命乃行。"光绪二十四年（1898年）戊戌政变发生后，慈禧将光绪皇帝囚禁在中南海瀛台，宣布训政，至此慈禧的专权达到高峰。

载湉读书像
光绪帝载湉（1871年—1908年），爱新觉罗氏，四岁即位，主少国疑，大臣未附，两宫太后姑允王大臣所请，依《太后垂帘章程》十一条，垂帘听政。大权在成年后仍掌握在慈禧太后手中，慈禧病危时被毒死。

慈禧太后《黄牡丹》
慈禧一生最喜欢两种花，一种是兰花，另一种是牡丹。喜欢兰花，是因她小名"兰儿"，所以她的便服上常绣兰花；喜欢牡丹，是因牡丹富丽堂皇，雍容华贵，所以她经常画牡丹。也有说慈禧的画大多为缪素筠（1841年—1918年）代笔。

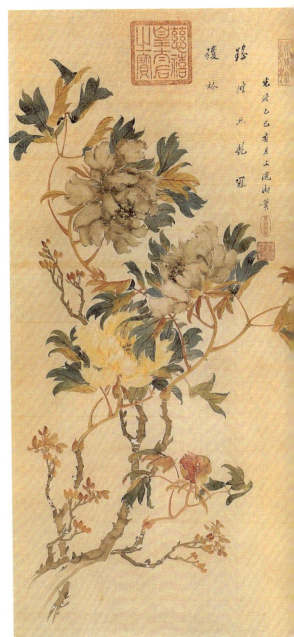

1864年

秀全以匹夫倡革命，改元易服，建号定都，立国逾十余年，用兵至十余省。南北交争，隐然敌国。当时竭天下之力，始克平之，而元气遂已伤矣。中国危亡，实北于此。

——《清史稿》

天京陷落

太平天国在军事上达到全盛的同时，内部的各种矛盾和弱点也越来越明显地暴露出来。趁"天京变乱"之机，清军趁机重建江南、江北大营围困天京。曾国藩率领的湘军主力开始向太平军发动全面的进攻，由洋人组成的洋枪队、"常胜军""常捷军""常安军"等也参加到围剿太平天国的战争中。

时间

1864年

地点

天京

交战双方

湘军、淮军、洋枪队
太平军

结果

天京失陷

意义

天京失陷标志着太平天国运动失败

天京变乱影响

咸丰六年（1856年），太平军征湖北，战江西，击溃江北、江南大营，接连取得对敌作战的重大胜利，从而使太平天国在军事上达到了全盛时期，但此时，内部的各种矛盾和弱点越来越明显地暴露出来。

太平天国领导层思想上严重蜕化，封建性日益增强，在生活上贪图安逸，政治上争权夺利，宗派主义严重，形成一个个利益集团。随着太平军在战场上的节节胜利，东王杨秀清首先被胜利冲昏了头脑，想乘机进一步逼洪秀全让权，于是引发了一场史之罕有、自相残杀的内乱悲剧。洪秀全为保全自己的地位，先后下令诛杀了杨秀清、韦昌辉，石达开被逼出走从广西远征四川，后被清军杀害。

天京变乱给太平天

太平天国幼天王洪天贵福玉玺拓本及玉玺

国带来了极其严重的后果,它破坏了内部团结,损失了大批优秀骨干和久经考验的战士,极大地削弱了军队的战斗力,动摇了太平军将士的宗教信仰和对太平天国理想的信念,损伤了太平天国的元气,在政治上、思想上造成极大的混乱。天京变乱成为太平天国由盛而衰的转折点。尤其在军事上,丧失了乘胜歼敌的大好时机,给清军以可乘之机。

损将失地

咸丰六年(1856年)年底,清军占领武昌、汉阳和江西大部分地区,重建了江北、江南大营,并于第二年年底攻下镇江,围困天京,太平天国陷入危机之中。

面对危局,洪秀全提拔陈玉成、李秀成等青年将领,主持前线军政,重用老臣蒙得恩主持政务,建立了新的领导核心,后又重用洪仁玕改革朝政。此时,英法联军发动第二次鸦片战争,清政府被迫两线作战,太平天国一度有了转机,先后击破清军江北、江南大营,攻占杭州、苏州、嘉兴等州县,建立苏福省,获得新的根据地。但是,太平天国局部的胜利,没能根本扭转危局。

太平天国颁布的《资政新篇》的封面

《资政新篇》是太平天国干王洪仁玕在咸丰九年(1859年)向天王洪秀全呈交的一份建议书,提出在太平天国推行多项改革,涉及政治、法律、经济等领域。洪秀全同意了许多建议,另一些建议则被否决或认为时机未成熟而不宜推行,实际上全部建议最后仍是没有落实。

清军攻克瑞州图

咸丰十一年八月（1861年9月），安庆失守，太平天国在上游的重镇尽失，天京已无屏障，直接暴露在湘军的攻击矛头之下，岌岌可危。咸丰十二年三月（1862年4月），陈玉成在庐州被俘就义。

形势对太平天国越发不利。太平天国内部尽管一度整饬朝政，但始终未能阻止腐化现象的蔓延和内部危机的恶化。也许预感到失败的结局，洪秀全意志衰退，深居简出，终日沉溺于宗教迷信之中，信天不信人，信宗亲不信将

曾国荃湘军克复金陵图

帅。进入19世纪60年代后洪秀全大封诸王，致使天国内部宗派主义、分散主义恶性膨胀，甚至在重大军事行动上也互不配合。太平天国领导人的这种作风在广大官兵中产生了恶劣影响，导致太平军纪律废弛，极大地削弱了战斗力。

天京失陷

就在太平天国直走下坡路的同时，清政府内部也发生着急剧的变化。辛酉政变后，慈禧太后掌权，她任用汉人并"借师助剿"。曾国藩统辖苏、

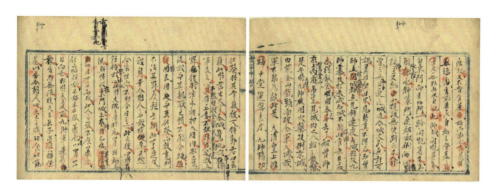

李秀成亲笔供手迹

《李秀成自述》是太平天国忠王李秀成被俘后所写的一篇自述，全文约5万余字，今仅存有3.33多万字。其手迹现藏于中国台北"故宫博物院"。李秀成被处决后，曾国藩将其自述原稿删改一部分，并撕毁原稿第74页以后的内容，命人抄写两份，名为《李秀成亲供》，一送军机处，一送曾纪泽处珍藏。

浙、皖、赣四省军务大权，制定了湘军分三路进攻太平天国的战略。

咸丰十二年（1862年）夏，湘军主力水陆并进，对天京形成合围之势。由洋人组成的"常胜军""常捷军"和"常安军"也参加了围剿太平天国的战争。最终，太平军未能解除天京之围。

同治三年（1864年）三四月间，太平军苏南、浙江、皖南根据地全部失去，天京的形势比以前更危急。天京城外太平军的防御工事已被破坏殆尽，四面被曾国荃的湘军围困，内无粮食，外无援兵。

李秀成建议"让城别走"，但洪秀全对他严加斥责，说："朕铁统江山，尔不扶，有人扶，尔说无兵，联之天兵，多过于水，何惧曾妖者乎？"

四月二十九日（6月3日），洪秀全病逝，长子洪天贵福继位为幼天王。那时，干王洪仁玕外出征粮调援未回，守卫天京的太平军在极其困难的处境下，仍然为保卫京城而顽强战斗。

五月三十日（7月3日），地保城失守。湘军居高临下，整日炮轰，并加紧挖地道，埋炸药轰城。

曾国荃头像

曾国荃（1824年—1890年），清朝湘军将领，字沅甫，号叔纯，湖南长沙府湘乡人，宗圣曾子七十世孙，名臣曾国藩的九弟，湘军内部称之为曾老九，尊称为九帅。善于围城，又精于长壕法，人称曾铁桶。又由于在攻打太平军天京时，疑似劫掠南京城中大量财宝，被称为曾老饕，此外在南京滥杀百姓无数，与其兄被称为曾剃头、曾屠户。

绝命诗

英雄吞吐气如虹，
慨古悲今怒满胸。
狯犹侵周屡代恨，
五胡乱晋苦予衷。
汉唐突厥匈奴犯，
明宗元辽鞑靼凶。
中国世仇难并立，
北狄原非我一家，
免教流毒秽苍穹。
钱粮兵勇尽中华，
诓吾兄弟相残杀，
豪士常兴万古嗟。

——清·洪仁玕

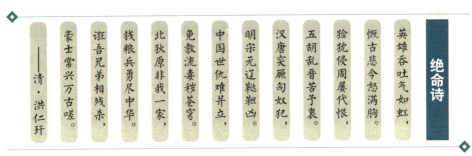

六月十六日（7月19日），湘军轰倒城墙，蜂拥冲入。守城太平军抱着与天京共存亡的决心，与冲进城的湘军展开激烈的肉搏战，但终因力量悬殊，天京沦陷。

天京陷落后，幼天王突围到安徽广德，与洪仁玕会合。洪仁玕保护幼主，率部转战皖、浙边界，八月底入江西。失败后，幼天王遇害，洪仁玕也被俘，慷慨就义。太平天国运动失败。

太平天国是中国历史上规模最大的一次农民起义。它不仅组建了强大的武装力量，转战18省，攻克了600多座城镇，势力波及全中国，而且建立起与清王朝对峙14年之久的政权，颁布了一系列纲领、政策和法令，第一次把几千年来农民阶级所追求的理想与愿望表达得淋漓尽致。太平天国把历代农民战争推至最高峰，沉重打击了清王朝的腐朽统治，还与外国侵略者进行了坚决的斗争。尽管因阶级的局限，在中外反动势力的联合镇压下，太平天国无法避免最终失败的命运，但它在历史上留下了英勇悲壮的一页，具有重要的意义。

洪天贵福被擒图

洪秀全病逝后，他的儿子洪天贵福继位，被称为"幼天王"。湘军攻陷天京后，李秀成护送幼天王出城，在江西石城被清军俘获。画中描绘清军俘获幼天王的场景。

1865年

机器制造一事,为今日御侮之资,自强之本。……臣料数十年后,中国富商大贾必有仿造洋机器制作以自求利益者,官法无从为之区处。

——《置办外国铁厂机器折》

江南制造总局

在曾国藩的支持下,李鸿章在上海筹办了江南制造总局,这是当时国内最早的新式工厂之一,同时也是近代中国最大的军火工厂。

时间
1865年

地点
上海

主要产品
枪支、大炮、弹药、钢铁、船只

筹办人
李鸿章

意义
是洋务派最早创办的规模最大的近代军事工业,也是当时国内最大的兵工厂,客观上对中国近代早期工业的发展起到了促进作用

同治四年(1865年),李鸿章购买了上海虹口"洋泾浜外国厂中机器之最大者"美商旗记铁厂。他将这座能够修造轮船枪炮的工厂与原来丁日昌、韩殿甲主持的两所炮局合并,成立江南制造总局。

两年后,该局由虹口迁至上海城南高昌庙,扩大规模,先后建有十几个分厂,雇用工兵2800人,能够制造枪炮、弹药、轮船、机器,还设有翻译馆、广方言馆等文化教育机构。

江南制造总局的主要产品:一是枪支,最初只能制造旧式前膛枪,同治十年(1871年)改制林明敦式后膛枪,两年以后又加造黎意枪。由于这些枪支已陈旧落后,故于光绪十六年(1890年)制新式快枪。二是大炮,炮厂建于光绪四年(1878年),除制造旧式山炮外,还制造各种口径的新式大炮。三是弹药,包括各种枪弹、炮弹和火药,此外还生产地雷、水雷。四是钢铁,炼

1896年的李鸿章

江南机器制造局炮厂炮房

钢厂建于光绪十六年（1890年），除炼钢外，还压轧钢板、钢轴、枪坯、炮坯等。五是造船，船厂和船坞建于同治六年（1867年），至光绪十一年（1885年）先后制造大小轮船十余艘。此后停造轮船，专门修理南洋、北洋各省船舰。

制造总局的创办经费，包括购厂、购地建厂、薪金和购买物料，以及容闳在美国采购机器费用在内，共用白银54.3万两。常年经费最初由李鸿章在淮军军需项下随时拨给，每月约1万两。同治六年（1867年），经曾国藩奏准，从江海关洋税中酌留二成，以一成专造轮船，一成拨充军饷。两年后，马新贻又奏准以二成洋税全归局用。从同治十三年至光绪二十年（1874年—1894年），每年经费最多时达90.7万余两，最低时也有35.3万余两。光绪十八年至二十一年（1892年—1895年），为建造炼钢厂和无烟火药厂等项工程，清政府又拨发扩建经费40万两。由于在资金方面得到清政府的大力支持，因此生产设备和技术力量强大，是当时国内最大的兵工厂。

洋务派举办官办军事工业旨在能强国御侮，但实际上并没有达到该目标。光绪五年（1879年）丁日昌曾言："江南制造局之轮船以及福建船政局之轮船，可以靖内匪，不能御外侮。"后来张之洞在光绪二十九年（1903年）议论江南制造总局（已在建厂近40年后）说："近来陆续添机，渐次整顿，每日仍只能出枪七支，一年只能出枪两千余支。"光绪皇帝也曾根据户部的奏议说："中国制造机器等局不下八九处，历年耗费不赀，一旦用兵，仍须向外洋采购军火。"

1866年

五年正月，凯旋。宗棠以粤寇既平，首议减兵并饷，加给练兵。又以海禁开，非制备船械不能图自强，乃创船厂马尾山下，荐起沈葆桢主其事。

——《清史稿》

福州船政局

1866年，闽浙总督左宗棠在福州创办马尾造船局，又称福州船政局，这是当时规模较大而历时较久的一个工厂。

时间
1866年

地点
福州

主要产品
军用船只

筹办人
左宗棠

意义
是当时最大的船舶修造厂，在中国近代造船史上占有相当重要的地位

清同治五年（1866年），左宗棠在福州马尾罗星塔设立福州船政局。这是当时最大的船舶修造厂，用以制造和修理水师武器装备。左宗棠建造船厂酝酿较早。两年前，他曾在杭州制成一艘小轮船，"试之西湖，行驶不速"。

镇压了太平军余部以后，左宗棠奏称："自海上用兵以来，泰西各国火轮兵船直达天津，藩篱竟同虚设。""臣愚以为欲防海之害而收其利，非整理水师不可；欲整理水师，非设局监造轮船不可。"同时指出："轮船成则漕政兴，军政举，商民之困纾，海关之税旺，一时之费，数世之利也。"显然，他把建造船厂看成是富国强兵、利民惠商不可缺少的要务。经清廷批准后，他便同法国人日意格、德克碑商订合同，着手筹建船厂。经协商，议定自铁厂开工之日起，五年内由他们监造大小轮船16艘，并训练中国学生和工人。除开铁厂和船厂之外，船政局还设立船政学堂，分前后两堂，前堂学习法文，以

左宗棠
左宗棠（1812年—1885年），字季高，号湘上农人，谥文襄，湖南湘阴人，清朝大臣，著名湘军将领。一生亲历了湘军平定太平天国、洋务运动、同治陕甘回变、清军收复新疆之战等重要中国历史事件。

培养造船人才为主；后堂学习英文，以培养驾驶人才为主。

八月，左宗棠调任陕甘总督，赴任前推荐前江西巡抚沈葆桢任总理船政大臣。

福州船政局制成的第一艘轮船"万年青"号，于同治八年四月（1869年6月）下水。至光绪元年（1875年），共造轮船15艘，排水量合计1.7万余吨，这些船虽属仿制的木壳船，质量只达到西方的二三流水平，却显示了中国近代造船业的潜力。至此，日意格等法籍工匠数十人照原合同规定从船厂撤退，厂务和技术由船政学堂培养出来的学生接管，"新造诸船，俱用华人驾驶"。后来虽然也雇用一些洋匠，但人数很少，雇用时间也很短。

福州船政局建厂费用40余万两，由闽海关提解部库之四成结款拨付。经费每年60万两，亦由闽海关以六成洋税项下按月以5万两拨付。后来又由闽省茶税项下和沈葆桢兼办台湾地区防务的费用中以"养船经费"名目，按月拨付2万两。至同治十三年（1874年），共用银535万余两。光绪四年（1878年）以后，闽海关不能按照原来规定按期拨款，积欠甚多，生产困难。自同治十三年至光绪二十一年（1874年—1895年），生产萎缩，二十多年中共造船约20艘，平均每年不到1艘。

船政局在办厂过程中，虽然遇到了种种困难，但在造船技术方面则逐渐提高。最初只能制造150马力以下的木壳船，到光绪十三年（1887年）则制成第一艘钢质、钢甲型巡洋舰，轮机也由旧式单机改为复合机，马力由150马力增至2400马力，标志着我国造船技术达到了一个更高的阶段，在中国近代造船史上占有相当重要的地位。

1867年—1871年间在建中的福州船政局

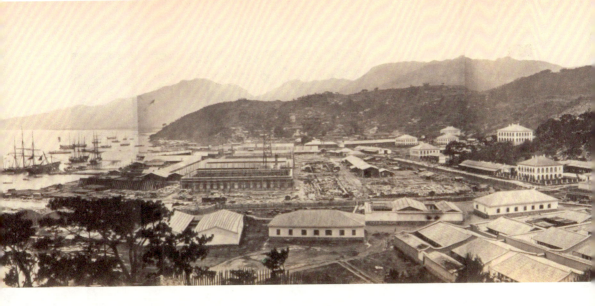

1870年

九年四月,天津民击杀法领事丰大业,毁教堂,伤教民数十人。通商大臣崇厚议严惩之,民不服。国藩方病目,诏速赴津,乃务持平保和局,杀十七人,又谴戍府县吏。

——《清史稿》

天津教案

中国近代史上相当一批外交纠纷都是由"教案"引起的,传教士们又借"教案"唆使列强对中国施加压力,从中获得巨大利益。同治九年(1870年)爆发的天津教案即是典型的一个案例。

时间
1870年

地点
天津

背景
传教士在中国享有建造教堂、治外法权,以及"宽容条款"所赋予的特权,时常出现外国传教士霸占地产的现象

交涉双方
清政府
法国

结果
清政府向法国道歉,赔款白银49万两

望海楼天主教堂
望海楼教堂是天津最早的天主教堂之一。同治九年五月二十三日(1870年6月21日),因怀疑教会假借经营育儿所的名义拿婴儿做药,望海楼教堂被愤怒的天津群众烧毁,成为当时著名的"火烧望海楼"事件。10名修女、2名神父、多名法国领事馆人员、5名法俄侨民和30多名中国信徒在这起事件中被杀死。

《天津条约》签订后,国外传教士开始在中国内地进行传教工作。他们享有建造教堂、治外法权等其他特权,在中国的任何地方都可租买土地和建屋,一些不法的国外传教士就趁机霸占地产,造成了很多地方冲突。

清同治九年(1870年),法国天主教传教士在天津望海楼设立教堂,仗势欺人,强占民地,激起民愤。

三四月间,天津发生很多起儿童失踪绑架事件。五月初,由于疫病流行,育婴堂中有很多孤儿

患病而死，有些尸体晚上被野狗扒出咬坏，民间就有流言说外国的修女是以育婴堂为幌子，实际在干着绑架杀死儿童，以其器官作为药材的勾当。正巧天津地方官抓获了一名拐骗幼儿的拐犯武兰珍，其为了逃避惩罚，就说自己是天主教会的教民，身上带的迷药是法国天主教堂给的，提到了一个名叫王三的人及望海楼天主教堂。

消息传出，群情激愤，数百名失去孩子的家长及各阶层人士聚集到官府，要求严惩凶手。天津知府张光藻不敢做主，带着几百人去见天津道台周家勋。周不敢处理，又带着这些人去见天津三口通商大臣崇厚。崇厚认为这是一派胡言，西药不可能用人体器官做药引。但民众一口咬定教堂里一定有被藏起来的孩子。

五月二十三日（6月21日），崇厚、周家勋、张光藻、知县刘杰及数百人前去教堂找洋人对质，最终证实这些都不过是武兰珍的谎言。带头的官员不得不向谢福音神父道歉，离开了。

然而，门外的群众却与教堂内的人员发生了激骂。法国领事丰大业闻讯持枪赶来，与天津知县开枪理论，怒而打伤其家人。外国领事开枪杀害中国人民，激起群众的义愤。群众怒不可遏，当场将丰大业打死。接着，群众放火烧毁了望海楼法国教堂等相关建筑，杀死外国传教士20多人。

事后，法国纠集英、美、俄、德、比、西等7国联合向清政府提出抗

完颜崇厚
崇厚（1826年—1893年），完颜氏，字地山，清朝内务府满洲镶黄旗人，咸丰、同治年间处理对外国事务的重要大臣。同治九年（1870年）天津教案发生时，崇厚大骂刁民胡闹，约见法国领事对质，后出使法国谢罪。

议，并调遣军舰到天津海口及烟台一带示威恫吓。清政府特派驻天津的三口通商大臣崇厚充任出使法国的钦差大臣，去赔礼道歉，并派曾国藩前往天津"查办"此案，不久又派江苏巡抚丁日昌赴天津协助办理此案。曾国藩、丁日昌屈服于压力，以杀害群众16人、判刑4人、充军25人，赔款49万两白银，并对法国道歉结案。事后，曾国藩谈到这次教案的处理时说："外渐清议，内疚神明，为一生憾事。"但这种杀民谢敌的行径，受到各阶层人民的强烈谴责，曾国藩也由此落下了"卖国贼、汉奸、软骨头"的骂名。

1876年—1878年

授宗棠钦差大臣，督军事，金顺副之。二年三月，次肃州。五月，锦棠北逾天山，会金顺军先攻乌鲁木齐，克之。白彦虎遁走托克逊。

——《清史稿》

左宗棠收复新疆

新疆回族、维吾尔族人民爆发的反清武装起义使新疆陷入割据纷争的混乱局面，给浩罕军官阿古柏和沙俄军队入侵提供了可乘之机。而清政府对西北边疆局势关注不够，直到俄军强占伊犁，才感到事态严重，于是派左宗棠督办新疆军务。

时间
1876年—1878年

地点
中亚新疆天山南北

主要参战方
清军
阿古柏势力

双方指挥官
清：左宗棠、金顺、刘锦棠
浩罕汗国：阿古柏、白彦虎

结果
阿古柏兵败自尽，白彦虎接受沙俄庇护；
清军收复了除伊犁地区外的新疆全部领土

影响
打击了沙俄侵略者的气焰，维护了领土主权，粉碎了英俄欲使新疆独立的阴谋

清同治三年（1864年），清朝下辖的新疆各地的回族、维吾尔族相继发动暴动，喀什噶尔的回部请求中亚浩罕汗国增援，浩罕可汗派权臣阿古柏率军进入新疆，建立了政教合一的哲德沙尔汗国，后改为毕杜勒特汗国，自封首领埃米尔。同治十年（1871年），俄罗斯派兵侵占伊犁。

清政府在相当长的时间内，对西北边疆的严重局势认识不足，甚至一度曾为阿古柏"报效"清朝、"助中国讨贼"等谎言所动。直到俄军强占伊犁，清政府方感事态严重，令伊犁将军荣全速赴伊犁与俄方谈判接收事宜。同治十一年四月（1872年5月）

KING YAKOOB BEG.

阿古柏像
原名穆罕默德·雅霍甫·伯克（1820年—1877年），塔吉克族人，原为浩罕汗国将领，英勇善战，因功被升为阿克麦吉特伯克。后借同治三年（1864年）清朝下辖的新疆各地的回族、维吾尔族相继发动暴动之机，阿古柏率军进入新疆，建立政教合一的哲德沙尔汗国。浩罕汗国亡后，收其部众，并获得俄罗斯和英国的支持和承认。最后其势力被消灭于左宗棠带领的清军。

中俄代表在塔城附近举行谈判。俄方百般推托，避而不谈交还伊犁问题，反而提出一系列无理要求，被荣全拒绝。清政府转而在北京与俄国公使交涉。

与此同时，日本侵略中国台湾，东南海防形势紧张。在清政府内部，要求加强海防的呼声也随之高涨。直隶总督李鸿章借口"海防西征，力难兼顾"，主张放弃新疆。陕甘总督左宗棠则力主收复新疆，认为"若此时即停兵节饷，自撤藩篱，则我退寸，而寇进尺"，"欲杜俄人狡谋，必先定回部(南疆)；欲收伊犁，必先克乌鲁木齐"，"然后明示以伊犁我之疆索，尺寸不可让人"。左宗棠的主张，具有维护祖国领土完整的意义。清政府权衡利弊后，在加强海防的同时也接受了左宗棠的主张，于光绪元年（1875年）三月任命左宗棠为钦差大臣督办新疆军务。

光绪二年（1876年），浩罕汗国灭亡，其部众投奔阿古柏，其势力更加壮大，并获得俄罗斯和英国的支持和承认。筹备妥当的左宗棠率清军分三路进疆，在新疆各族人民的支持配合下，仅半年多的时间，就收复了北疆大部分领土。

第二年春，清军乘胜进军南疆，在达坂城、托克逊、吐鲁番三战告捷，阿古柏仓皇逃走，在库尔勒身亡。英、俄又扶植阿古柏之子伯克胡里在喀什噶尔称汗，继续顽抗。英国向清政府提出保存伯克胡里、立为保护国的荒谬要求，被拒绝。十一月十四日（12月18

曾纪泽
曾纪泽（1839年—1890年），字劼刚，号梦瞻，清代著名外交家，曾国藩长子，曾任清政府驻英、法、俄国大使。俄国强占伊犁时，清廷派他赴莫斯科谈判改约，在左宗棠西征军快速收复新疆的配合下，收回了伊犁九城的主权，以多付400万卢布的代价，换回了两万多平方千米的领土，博得了朝野的好评和西方外交界的尊重。

日），清军收复喀什噶尔，伯克胡里等放火烧城，裹胁居民5000多人向俄境逃窜。

光绪三年十一月二十九日（1878年1月2日），另一路清军收复和田，处决了回族封建主金相印。至此，清军收复了除伊犁地区外的新疆全部领土。

清军的胜利进军，粉碎了俄、英两国利用阿古柏反动政权分割中国领土的阴谋，也使一部分自甘陕入疆投靠阿古柏的人离开新疆，往中亚地区迁移，促成了今日的东干族的出现。

清末

善兰聪强绝人，其于算，能执理之至简，驭数至繁，故行之无不可通之数，抉之即无不可穷之理。

——《清史稿》

步算中西独绝伦

清朝末年，一批爱国志士弃科举而取科学，为科技兴国做出了重大贡献。其中，李善兰以其冠绝中西的算学才能，结合中国传统数学和西方算学，为后世留下了大批宝贵著作，成为近代数学史上的先驱人物。

主角
李善兰

职业
数学家、天文学家、力学家

主要成就
尖锥术、垛积术、素数论；翻译大量西方近代科学名著，创立一批专有科学名词

代表作品
《则古昔斋算学》

经典名句
人人习算，制器益精，以咸海外诸国。

李善兰
李善兰（1811年—1882年），又名心兰，字竟芳，号秋纫，浙江海宁硖石镇人。代表作《天算或问》，翻译过英文版《几何原本》。为中国近代数学的先驱，清代数学史上的杰出代表，创立了二次平方根的幂级数展开式，研究各种三角函数、反三角函数和对数函数的幂级数展开式。

天资颖异，精研算学

李善兰，字竟芳，原名李心兰，"善兰"是入私塾后的学名。定居浙江海宁的李家是书香世家，家中藏书众多。李善兰自幼喜书善读，过目成诵。九岁时，李善兰在父亲书房中发现了一本古代数学论著《九章算术》。他"窃取阅之"，对数学产生浓厚的兴趣，"从此遂好算"。

至此，李善兰一发不可收拾，又自学了欧几里得所著的《几何原本》前六卷。中国传统数学和古希腊数学的异同，使李善兰完全沉浸在浩瀚神秘的数学海洋中，研读了大量中外数学著作。理论之外，李善兰将数学融入日常生活，从实践应用中更深刻地掌握和理解数学、天文学知识。他每天例行观察星象，连新婚之夜也不例外。他还"常立表线"，列出长短式，依四季节气测量太阳的

李善兰和他的学生合影
同治七年（1868年），李善兰被荐任北京同文馆天文算学总教习，直至光绪八年（1882年）他逝世为止，从事数学教育十余年，其间审定了《同文馆算学课艺》《同文馆珠算金蹄针》等数学教材，培养了一大批数学人才，是中国近代数学教育的鼻祖。

位置。和友人游览东山时，面对友人戏谑的"东山有多高"的问题，他运用相似勾股形对应边成比例的原理，用随手拾起的草芥测量出东山的高度。

开馆授课，创新理论

鸦片战争爆发后，外国侵略者的残暴及清政府的软弱、人民的苦难让李善兰义愤填膺，他认为，西方列国的国力胜于中国的原因，是他们"制器精也"，而究其"制器精"的原因，应归于他们"算学明也"。至此，李善兰更加发奋地精研数学，并在家乡开馆授徒，从而实现他"人人习算，制器日精，以威海外各国"的理想。

开馆授徒期间，李善兰与江浙一带志趣相同的学者们结为莫逆。其时，精研经书、通晓数学的张文虎，医道精湛、对中国数学造诣深厚的顾观光，还有精通数学、天文学和历法的汪曰桢等著名学者，都成为李家的座上宾，与李善兰畅谈、研究数学问题。思想的碰撞极大启发了李善兰的思路，他以中国传统数学的垛积术和无穷小极限方法为基础，创造了尖锥术，即中国的微积分和解析几何。之后不久，李善兰又创造了对数论，求对数的方法比西方传教士带来的方法更为简便易行。英国传教士、汉学家伟烈亚力对李善兰的对数论大加赞扬，称其"达到了如同圣文森特的J.格雷戈里（苏格兰著名数学家、天文学家）发明双曲线求积法时同样漂亮的结果"。

《则古昔斋算学·对数探源》

《对数探源》发表于清道光二十五年（1845年），该书用尖锥术求解对数幂级数展开式。同治六年（1867年）李善兰出版了他的巨著《则古昔斋算学》，汇集了他的多部作品，共13种24卷，其中对尖锥求积术的探讨，已初具积分思想，对三角函数（李氏三角恒等式）与对数的幂级数展开式、高阶等差级数求和（自然数幂求和公式）等题解的研究，皆达到中国传统数学的很高水平。

在从未接触过微积分的前提下，李善兰凭一己之力，推断并创立一系列定积分公式、二次平方根及三角函数、反三角函数、对数函数的幂级数展开式。他的《方圆阐幽》《弧矢启秘》《对数探源》等论著，将传统中国数学推向一个崭新高度，与西方先进数学知识不分轩轾甚而更胜一筹。自此，中国数学走上了近代数学的道路。

译著精详，泽被后世

咸丰二年（1852年），李善兰在上海墨海书馆与英国传教士伟烈亚力一见如故。伟烈亚力对李善兰的数学著作极为欣赏，邀请他留在上海翻译西方数学书籍。之后，他们合作翻译了《几何原本》后九卷、《代数学》十三卷和《代微积拾级》十八卷、天文学著作《谈天》及植物学著作《植物学》等。

李善兰不擅长外语，翻译西方数学论著时，需要经由伟烈亚力口述，他再进一步加以整理。整理过程中，李善兰根据所学知识，自行补充

徐寿

徐寿（1818年—1884年），字生元，号雪村，江苏无锡人，清末科学家，中国近代化学的启蒙者。咸丰十一年（1861年）为安庆军械所工程技术人员，参与制造中国第一台蒸汽机和第一艘轮船。后在上海江南制造总局创办翻译馆，主持翻译西方科技书籍工作，主要介绍西方近代化学，并创造汉字命名化学元素；在上海参与创办了中国近代第一所教授科技的学校——格致书院，同时出版了中国第一份科技方面的期刊《格致汇编》。

了译本的纰漏之处。翻译过程中，李善兰极其认真负责，"屡作屡辍"，对每条公式、定理力求精益求精，尽善尽美。翻译过程中，伟烈亚力对李善兰表露出的深厚数学底蕴十分拜服。他宣称，日后西方想要参看完整、权威的数学论著，应寻求中国版本的译著。

当时，对大量近代科学专有名词，汉语中并没有对应的词汇。李善兰斟酌之下，自行创新翻译了一大批专有科学名词，这些名词传承后世，沿用至今，传遍东亚诸国。比如我们所熟知的"代数""常数""函数""合力""细胞""植物"等数学、天文学、物理学乃至植物学中的名词，均出自李善兰之笔。

辅佐新政，心怀家国

洋务运动开始后，李善兰觉得，洋务运动提倡的引用西方资本主义国家先进设备和科学技术的做法，与自己"科学救国"的理想不谋而合。他积极参与洋务运动中的学术活动，为引进西方先进科学技术做出了重大贡献。

洋务运动的官僚代表、主要推行者曾国藩和李鸿章等人对李善兰极为看重。咸丰十一年（1861年）秋季，曾国藩在安庆筹建安庆军械所时，将李善兰"聘入戎幄，兼主书局"，大力促进李

伟烈亚力

伟烈亚力（1815年—1887年），英国汉学家，伦敦传道会传教士。在中国近30年，致力传道、传播西学，并向西方介绍中国文化。李善兰与他合译了《几何原本》后9卷。

善兰翻译的《几何原本》后9卷的出版，并为《几何原本》亲自作序。曾国藩筹建江南机器局时，特意向身在金陵（今江苏南京）的李善兰"邮致三百金"，资助李善兰出版《则古昔斋算学》。在李鸿章的资助下，李善兰翻译的《重学》八卷及《圆锥曲线说》三卷也得以出版。

张之洞编写《书目答问》中的《清朝著述诸家姓名略》时，特为李善兰一人打破"此编生存人不录"的准则，在"算学家"的条目下列上李善兰之名，只因"李善兰乃生存者，以天算为绝学，故录一人"。

《重学》书影
清同治五年（1866年）金陵书局刊本。这是中国第一本力学专著，由英国传教士艾约瑟与李善兰合译，原著为英国物理学家胡威立的《初等力学教程》。

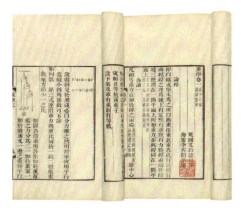

> 清末

> 伶人初无所谓派别也,自程长庚出,人皆奉为圭臬,以之相竞。

——《清稗类钞》

程长庚与京剧

清朝末年,随着徽班进京,京剧艺术逐步形成,在此过程中有十三位奠基人立下了汗马功劳,技艺非凡、声名赫赫的京剧表演艺术家程长庚即是其中之一。

主角
程长庚

职业
京剧表演艺术家

地位
京剧鼻祖、徽班领袖,京剧艺术的十三位奠基人之一

主要代表剧目
《文昭关》《战樊城》
《鱼肠剑》《群英会》
《华容道》等

艺术特色
以徽音为主的"皮黄调"、嗓音为"脑后音"、表演沉稳凝重

程长庚(1811年—1880年),名椿,字玉珊,也作玉山,谱名程闻檄,乳名长庚,生于安徽省潜山县河镇乡一个农民家庭。他幼年进徽调科班学戏,习老生兼净,但对其他行当也很留心。

道光年间,程长庚到北京搭班演唱,其后入三庆班。当时,北京的舞台上,昆曲和京腔已经衰微,徽班称盛。其中以三庆和四喜、春台、和春名声最大,被称为"四大徽班"。

徽班演员的唱腔重二黄调,在北京流传过程中,不断地吸收秦腔、京腔、昆曲等剧种的特长。后来又因湖北汉戏演员搭入徽班,他们擅长西皮调,使与二黄调进一步交融,为北京皮黄剧(即京剧)的形成奠定了基础。程长庚就是徽班进京后由演唱徽调、昆腔演变为京剧的十三位奠基人之一。

咸丰年间,程长庚带三庆班进宫演出,受到称赞,被赏五品顶戴,任内廷供奉,领戏曲艺人团体"精忠庙"会首,总管三庆、春台、四喜三大徽班。

作为表演艺术家,程长庚很重视塑造人物形象,对角色的性格、身份体察入微。他对唱、做、念、打"四功"和手、眼、身、法、步"五法"并重,运用这些表演技术表现人物,都注意符合所扮

角色的性格，传神入微。

程长庚注重兼收并蓄，博采众长。他精于唱功，唱腔脱胎于徽调，取法于楚调，兼收昆曲、山陕梆子诸腔之长，融汇为"皮黄调"，却以徽音为主，内行话叫"脑后音"。倦游逸叟在《梨园旧话》中说他的唱腔"余音绕梁而高亢之中又别具沉雄之致"。

尤其值得一提的是，程长庚在唱腔上不单是唱声，更重要的是唱情，以声传情，声情交融。他生活在中国已经沦为半殖民地的时代，亲身经历了两次鸦片战争，忧时感世，唱腔也因之更加高亢雄壮，慷慨愤激，能够使"闻者泣下"。程长庚在这方面的造诣，是京剧界一致称道的。

程长庚演戏极为认真，绝不马虎敷衍。他的做功身段，一招一式，都是遵循老徽班演法，绝不稍逾规矩。他的投袖（单投袖）、扬袖、捋髯等小身段，也无不讲求"端凝肃穆"。他对别的演员也严格要求，演出时如有失误，退场后随即指出，当面规劝。但为人宽厚，从不当场奚落讪笑，使人难堪，故被赞誉为有戏德。

程长庚很重视京剧人才的培育，著名京剧老生"新三派"谭鑫培、汪桂芬、孙菊仙都是他的弟子。他还曾创办四箴堂科班，培养出陈德霖、钱金福等京剧演员。杨月楼是张二奎的徒弟，程长庚对他很器重，将他吸收进三庆班，传授艺术，后杨月楼继其为三庆班主。他的传人还有卢胜奎、殷德瑞（专演靠把戏）等人。

京剧名角

时称	人物
道光时代三鼎甲	程长庚、张二奎、余三
老生后三鼎甲	谭鑫培、汪桂芬、孙菊仙
三大贤	梅兰芳、余叔岩、杨小楼
四大名旦	梅兰芳、程砚秋、尚小云、荀慧生
四小名旦	李世芳、毛世来、张君秋、宋德珠
20世纪20年代四大须生	余叔岩、高庆奎、言菊朋、马连良
20世纪30年代四大须生	余叔岩、言菊朋、马连良、谭富英
20世纪40年代四大须生	马连良、谭富英、杨宝森、奚啸伯

1882年—1894年

中国驻朝道员袁世凯以吴长庆军营务处留朝,充商务总办兼理交涉事宜。时朝鲜倚中国,其执政闵泳骏等共善世凯。

——《清史稿》

袁世凯总督朝鲜

袁世凯26岁总督朝鲜,表现了出色的军事才能。他在数次朝鲜政变中担任重要角色,多次粉碎沙俄和日本侵占朝鲜的阴谋。但他大意轻敌,未能阻止日军对朝鲜的攻势,最终改装回国。

时间

1882—1894年

事件起因

藩属朝鲜国发生内乱,朝鲜亲清派请求清廷出兵平乱

事件结果

清军成功平定叛乱,袁世凯总督朝鲜

主要贡献

多次粉碎日本和沙俄侵略朝鲜的阴谋

过失

居功自傲,大意轻敌

云岘君画像

李昰应(1820年—1898年),字时伯,号石坡、海东居士,朝鲜的宗室,因居于云岘官而名,是朝鲜王朝26代王高宗的生父。光绪八年(1882年)朝鲜发生壬午乱,云岘君利用军队兵变成功夺权,朝鲜"事大党"与云岘君有隙,请求清廷出兵平乱,最后被袁世凯拘捕押送天津,在保定府监禁了三年。

袁世凯(1859年—1916年),字慰廷,号容庵,河南项城县人。清光绪七年(1881年),袁世凯屡试不第后投笔从戎,赴山东登州投奔叔父至交好友、时任淮军统领的吴长庆,在军中担任帮办文案一职。次年,朝鲜政府发生政变,清政府派遣吴长庆率领淮军六营前去朝鲜平定叛乱。

光绪八年(1882)六月,清军东渡前,袁世凯被任命为执行前敌营务处事。平叛中,袁世凯表现出出色的军事才能,深得吴长庆赏识。袁世凯很快被授以"同知"(正五品)的官职,并在不久后开始帮助朝鲜整顿军队。

光绪十年(1884年),法国侵略者侵占越南的同时开始侵犯中国边界。李鸿章命令吴长庆带领三个营在奉天金州(今辽宁半岛)驻防,记名提督吴兆有统帅另外三个营留守汉城(今韩国首尔)。袁世凯留在朝鲜,总理营务处,同时负责朝鲜的防护事宜。至此,袁世凯兵权在握,成为留守朝鲜的清军中

举足轻重的人物。

清军平叛后，朝鲜政局稳定的表象下暗潮汹涌。九月，朝鲜开化党在首领金玉均的带领下发动政变，日本积极派遣军队支持叛党。袁世凯说服吴兆有，出兵赶走了开化党和日军。

此后，袁世凯开始居功自傲。他擅自搬进朝鲜王宫，自诩为监国大员，还大胆挪用军饷，引起吴兆有的强烈反感。吴兆有向上级揭发袁世凯种种嚣张之举，不甘政变失败的日本政府也叫嚣着让清军退出朝鲜。内外压力下，袁世凯不得不请假归国。

为进一步掌控朝鲜，李鸿章奏请重用袁世凯。光绪十一年（1885年）九月，清政府将袁世凯从正五品同知提拔为道员（职能类似外交官），派他驻扎朝鲜，领受正三品衔。再次回到朝鲜的袁世凯风头极盛，他处处以上国要员自居，对朝鲜政务横加干涉，引起国王李熙和一些清朝官员的不满，认为他"侈然自大，虚骄尚气"。不过，李鸿章对袁世凯颇为赏识，他力排众议，在重重反对声浪中依然重用袁世凯。

袁世凯总督朝鲜期间，日本政府借道朝鲜侵略中国的时机日益成熟。面对日本政府或明或暗的多次挑衅，袁世凯严防死守，数次挫败了日本及沙俄政府想要渗透朝鲜的阴谋。日本政府甚至多次派

日本公使馆官员乘船逃走
朝鲜壬午军乱时，国内的反日情绪也很高涨，此图描绘了动乱时日本公使馆官员乘船逃走的慌张场景。

人刺杀袁世凯，均无功而返。

光绪二十年（1894年），朝鲜东学党起义爆发。袁世凯忙于镇压起义队伍，忽略了对日军的防御，直至日军大兵压境方才警觉。此后，日军兵势日盛，越发不可遏制。六月十七日（7月19日），袁世凯改装成百姓模样悄然回国。六天后，中日甲午战争全面爆发。

袁世凯（中）与视察京师大学堂译学馆的监督和学官大臣合影

1885年

……是年冬，招商局成立，以知府硃其昂主其事，道员盛宣怀佐之。其昂以道员胡光墉、李振玉等招徕商股，入赀者极为踊跃。

——《清史稿》

红顶商人胡雪岩

从白手起家到富可敌国，从红顶皇商到钦命要犯，胡雪岩商业帝国迅速崛起和败落，离不开所处时代的拘囿。但他"戒欺"、重德的经商理念，以国为重的大局观和对百姓的悲悯之心，对后世行商者仍具有深刻的指导意义。

主角
胡雪岩

出身
贫困之家

支柱产业
阜康钱庄、胡庆余堂中药店

为商信条
"戒欺"和"真不二价"

经典名句
为人不可贪，为商不可奸；经商重信义，无德不成商

后人评价
为官须看曾国藩，为商必读胡雪岩

清光绪·户部丙午大清铜币

少时贫寒，白手起家

胡雪岩（1823年—1885年），本名胡光墉，字雪岩，小名顺官，徽州绩溪（今安徽绩溪）人。胡雪岩少时失怙，弟幼母弱，身为长子的他毅然挑起养家重担，经由浙皖古道来到杭州，进入信和钱庄当学徒。学徒期满后，胡雪岩被钱庄留下，担任"跑街"，负责上门收银票、招揽储户、催促旧账等事务。

跑街的经历锻炼出胡雪岩非凡的交际能力和识人能力。一天，胡雪岩在茶楼偶遇"候补浙江盐大使"王有龄。经过攀谈，胡雪岩得知王有龄囊中羞涩，无钱捐官，就将刚收上的银票送给王有龄"投供"。回到钱庄后，胡雪岩写下和银票等额的借条，表明钱庄损失由自己承担。可是，他擅作主张的举动已然触犯钱庄大忌，被东家扫地出门。

在友人资助下，胡雪岩开办米行，用以养家糊口。不久，得到浙江海运局坐办官职的王有龄与胡雪岩取得联系，让胡雪岩协助筹办漕粮（即经水路运往京师的税粮）。有了官方靠山，胡雪岩大胆借

清光绪·江苏省造元宝铜币

支20万两白银，筹办起"阜康钱庄"，开始其富有传奇色彩的商海生涯。

助力西征，成为"皇商"

综观胡雪岩的商路历程，与王有龄等政府要员息息相关。湖州蚕丝自古闻名，在王有龄任湖州（今浙江湖州）知府后，胡雪岩抓住这一商机，取得湖州公库的代理权。他在湖州开办丝行，利用公库现银扶助农民养蚕缫丝，再将成品湖丝运往杭州、上海等大商埠变卖套现，最后将所得现银缴入公库，从中赚取利润。借着王有龄这条人脉，胡雪岩与官员们多有往来，甚至说服时任浙江巡抚的黄宗汉入股投资，创办了胡庆余堂药店。往返上海几次后，胡雪岩敏锐地嗅到上海所蕴含的商机，利用钱庄积累的资本开办了当铺。随后，他又得到外商想要开发上海地产的消息，抢先一步买下周边土地，高价卖给外商，赚得盆满钵满。

咸丰十一年（1861年）十月，太平军第四次攻打杭州，镇守杭州的王有龄首当其冲。在太平军的封锁下，胡雪岩在上海采办的军火、粮食等军用物资无法运出。十一月，困守孤城的王有龄以身殉国，杭州失守。王有龄死后，湘军统帅左宗棠任杭州巡抚督办军务。

胡雪岩在故交杭州布政使蒋益澧等人的引荐下，投效左宗棠并深受信任，得到"浙江粮台总管"一职，负责调配浙江省的钱粮、军饷。至此，阜康钱庄名气愈盛，分号遍布大江南北，胡庆余堂也创出"江南药王"的盛誉。左宗棠奏请设立福州船

胡雪岩像

位于浙江杭州胡雪岩故居内。胡雪岩（1823年—1885年），名光墉，字雪岩，以字行，幼名顺官，今安徽绩溪人，晚清著名的红顶商人。他以杭州经营的钱庄为本业，发迹后扩展至当铺、房地产，也触及盐业、茶业、布业、航运、粮食买卖和中药行甚至军火等事业。因与左宗棠关系密切，受到李鸿章打击而引发破产。

胡庆余堂药方

政局时，精通洋务的胡雪岩在引进外国造船原料、技术上起到了重要作用。

光绪元年（1875年）四月，左宗棠受封为督办新疆军务的钦差大臣，奉命西征占据新疆地区的匪首阿古柏。出师在即，左宗棠却不得不面临一个无比尴尬的难题：朝中无银，军饷无着。为助西征，胡雪岩斡旋奔走，以阜康钱庄的商誉向英国渣打银行、汇丰银行等外行担保借贷，筹措白银1595万两，解决了西征的燃眉之急。因借款利息高达10%，这项举动被《申报》痛斥为"暂救燃眉之急，顿忘剜肉之悲"，朝中亦是褒贬不一。

光绪三年（1877年）底，西征军彻底收复新疆，大获全胜。这次战役被外媒评价为："从一个多世纪前的乾隆时代以来，一支由中国人领导的中国军队所曾取得的最光辉成就。"战役结束后，左宗棠受封为二等恪靖侯，以内阁大学士入军机处。左宗棠力表胡雪岩襄助之德，清政府授予胡雪岩布政使衔（三品），赐穿黄马褂、二品红顶戴，准许他在紫禁城骑马，又封胡雪岩的母亲为一品诰命夫人。一时间，胡家风头鼎盛，胡雪岩成为名副其实的皇商、红顶商人。

胡雪岩故居门上的门把手，寓意手握重权

诚信戒欺，乐善好施

胡雪岩的商业王国日益鼎盛的原因，与官员交好仅为次因，主因还在于他的经营理念及"急公好义、实心实力"的处世态度。

胡雪岩创办的胡庆余堂以"戒欺"和"真不二价"为主旨，除了向军中捐献丸药外，还经常在车站、码头等地向过往行人免费赠药。左宗棠从太平军手中收复杭州时，城中时疫四起，饿殍、尸骸遍地。胡雪岩将善后事宜处理得井井有条，养生送死、赈灾恤困之余，还设立义渡、义塾，方便百姓往来和子弟读书。同治十年（1871年）直隶（今河北大部分地区）水灾，胡雪岩捐献大量棉衣、农具。各地的水灾、旱灾，胡雪岩均捐银捐物，被誉为"商贾中的奇男子"。此外，胡雪岩还出巨资收购流落日本的中国古铜钟。在杭州岳庙及湖州铁佛寺内，至今仍陈列着古代铜钟，上有"胡光墉自日本购归"的字样。

丢官破产，郁郁而终

光绪八年（1882年），胡雪岩大量收购生丝，想要垄断中国生丝市场的同时控制海外市场。但让他始料未及的是，中法战争的全面爆发引动了金融市场的银根短缺。第二年，在银根短缺和投机市场失利的大环境下，上海金融危机爆发。同时，李鸿章为了打击左宗棠，让上海道员邵友濂故意拖延胡雪岩的饷款二十日，为筹借现金，胡雪岩被迫贱卖囤积的生丝，亏损巨大。

祸不单行，胡雪岩巨额亏损的消息传出后，以官员为首的储户竞相赶赴银庄提款。更有甚者，一些官员趁火打劫，敲诈勒索。仅仅几个月内，各地阜康钱庄陆续倒闭，胡庆余堂被刑部尚书文煜接手。与此同时，清政府下令将胡雪岩革职查办，还要严究其罪。短时间内，胡雪岩由富可敌国到一贫如洗，不久后郁郁而终。

胡雪岩故居
位于浙江杭州上城区元宝街18号，占地面积10.8亩。胡雪岩死后，故居先抵给文煜，后卖给创办浙江兴业银行的蒋家。2000年杭州市政府决定由杭州博物馆主持修复胡雪岩故居，1年后修复完成。图中"勉善成荣"四字为同治皇帝手书。

1885年

广西军既败于越,朝旨免鼎新,以提督苏元春统其军,而之洞复奏遣提督冯子材、总兵王孝祺等,皆宿将,于是滇、越两军合扼镇南关,殊死战,遂克谅山。

——《清史稿》

冯子材镇南关大败法军

中法战争爆发后,清政府态度暧昧,前线将领消极迎敌。年逾七十的老将冯子材不惜性命,奋勇抗击法军,击碎了法军从广西入侵中国的阴谋。

时间
1885年

背景
19世纪下半叶,法国侵入越南,由于越南是中国传统属国,中法战争由此爆发

参战方
清军、法军

主要指挥官
大清:冯子材
法国:尼格里

结果
镇南关大捷

冯子材
冯子材(1818年—1903年),字南干,号萃亭,汉族,晚清抗法名将,民族英雄。历任广西、贵州提督。中法战争时,起用为广西关外军务帮办,大败法军于镇南关,攻克文渊、谅山,重创法军司令尼格里,授云南提督。甲午战争间奉调驻守镇江,官终贵州提督。

光绪九年(1883年)十一月,中法战争爆发。法军向驻扎北圻(今越南北部地区)的清军发起进攻,广西提督黄桂兰不敌法军攻势,在北圻失守的同时自杀殉国。两年后,法军攻打谅山(今越南北部地区),镇守该地的广西巡抚潘鼎新不敢迎战,匆匆弃城退走。法军长驱直入,攻占并焚毁镇南关(今友谊关,位于广西凭祥西南端)。

听闻镇南关示警,驻守广东边境的老将冯子材向李鸿章主动请缨,赶赴广西迎战法军。冯子材到达镇南关时,法军已焚关退守。冯子材实地勘察

后,认为镇南关所处隘口横跨东西两座山岭,地势险峻,易守难攻,当即率领部下驻守隘口,命令下属士兵沿地势修筑长墙;总兵王孝祺则率军队驻扎在守关清军后方,成犄角之势守护防御。部署完

毕后，冯子材提议主动进攻，潘鼎新为首的诸多将领却极力反对。冯子材力主出战，说服了其他将领。

冯子材率众突袭文渊（今越南同登），斩杀诸多法军。法军随即展开攻势，分三路向镇南关进攻。冯子材鼓舞士气称："法军再入关，何颜见粤民？必死据之！"清军顿时群情激昂。法军精锐尽出，集中兵力攻打冯子材修筑的长墙。清军奋勇抵抗，镇南关前炮声隆隆，留在阵地上的弹壳和残损兵器足足积了一寸（约等于3.33厘米）多厚。经过清军各路军队的痛击，法军攻势被遏止，逐渐退去。

过了一天，法军又卷土重来，攻势比先前更加猛烈。冯子材临阵不乱，调度将领守住四方，命令将领们屹立不动，凡有退却者就直接杀掉。稳住阵脚后，冯子材手握长矛奋勇当先，率领两个儿子，大呼着冲到阵前，与法军肉搏。清军将领和士兵们见冯子材以七十高龄尚且亲身杀敌，俱都感动鼓舞，拼死与法军搏斗。居于镇南关外的居民、散兵也来助战，当场斩杀法军将领数十人，追击法军到距离镇南关外二十里的地方才回转关内。

又过了两天，清军在冯子材等将领的率领下攻克了文渊，之后乘胜追击，"悉返侵地"。冯子材带领清军及自愿跟随的越南军民继续攻打法军，可清政府却颁下停战诏书。冯子材请战未果后，无奈班师回国。离开越南时，越南百姓"涕泣遮道"。进入龙州后，军民跪拜迎接的队伍长达30余里。

法军攻占谅山
清光绪十年十二月二十九日（1885年2月13日），由法国侵略越南而引起的中法战争正在进行。法军进攻谅山，广西巡抚潘鼎新不战而退。此图描绘了法军攻占谅山时的情景。

1884年—1890年

抵台湾未一月，法兵至，毁基隆炮台，铭传以无兵舰不能海战，伺登陆，战于山后，歼敌百余人，毙其三首。

——《清史稿》

台湾首任巡抚刘铭传

刘铭传智勇过人，于台湾危殆之际孤身赴任，在无军舰、无海军、无军防的恶劣条件下率领台湾军民抗击英军并保住国土。身为首任台湾巡抚，他殚精竭虑，以"敢为天下先"的勇气发起一系列改革并取得显著成效，被誉为"台湾近代化的先驱者和奠基人"。

时间
1884—1890年

背景
中法战争爆发，法国侵略者试图侵占中国台湾

职业
将军、巡抚

主要贡献
维护了中国领土的统一和完整，推进了台湾近代化事业建设

主要得益者
台湾当世及后世人民

荣耀
一等男爵

传世著作
《大潜山房诗抄》

临危受命，孤身赴台

刘铭传（1836年—1896年），字省三，安徽合肥人。他少时即勇武多智，成为家乡团练的首领。为抗击太平军，李鸿章招募淮军增援江苏，刘铭传率领手下练勇们加入淮军，号称"铭字营"。他率领部下数次挫败太平军及捻军，因累积战功受封为直隶总督。

中法战争爆发后，法国派远东舰队紧逼台湾。因台湾孤悬海外，清政府对其未曾重视，眼看法军步步紧逼，慈禧太后及内外大臣"无不以台湾无备为恨"。

刘铭传
刘铭传（1836年—1896年），字省三，室号盘亭、大潜山房，谥号壮肃，安徽合肥人。淮军将领，洋务派骨干，首任台湾巡抚，率军击败法军舰队的进犯，且编练新军，从事建设台湾铁路等一系列洋务改革，为台湾的近代化奠定了深远的基础。

光绪十年五月（1884年6月），清政府颁发诏书，赐予刘铭传"台湾巡抚"衔，让他即刻赴台督办台湾军务。刘铭传上表列出海防武备的十条注意事项，全都为朝廷所采纳。

> **述怀**
>
> 自从家破苦奔波，
> 懒向人间唤奈何。
> 名士无妨茅屋小，
> 英雄总是布衣多。
> 为嫌仕宦无肝胆，
> 不惯逢迎受折磨。
> 饥有糗粮寒有帛，
> 草庐安卧且高歌。
>
> ——清·刘铭传

刘铭传到达台湾不足一个月，法军舰队就已抵达位于台湾东北角的基隆（今台湾基隆市），炸毁了基隆炮台。因台湾无军舰，无法与法军海战，刘铭传率领清军藏入基隆附近山中，等到法军登陆时，在山后展开搏斗，歼灭法军一百多人，斩杀法军将领三人。由于兵力悬殊，法军最终占领了基隆，但在刘铭传的部署下，除了基隆方寸之地，法军无法再进一步。

之后，刘铭传率领台湾军队及民众扼守沪尾（今台湾淡水港），同时向清政府求援，请求派江南兵舰入台，以便能与法军展开海战。法军攻打福建马尾（今福州市马尾区），福建水师全军覆没，江南兵舰无法登台，刘铭传陷入孤军作战的困境。法军三次进犯沪尾，都被刘铭传击退。见沪尾难以攻破，法军转攻月眉山，又被刘铭传击退，法军损失兵士一千多人。刘铭传率领军民苦战数月后，冯子材在镇南关大败法军，

沪尾炮台

位于今台湾新北市淡水区，建造于清光绪十二年（1886年），该炮台为台湾第一位巡抚刘铭传主导建造，其建造目的是为了防卫台湾淡水港。

清政府与法国签订停战协定。

巩固台防，防御外侮

中法战争结束后，刘铭传因抗法有功，被封为福建巡抚。中法战争让清政府意识到，加强海防必须加强台防，"台湾为东南七省门户，各国无不垂涎"。于是，清政府将台湾的行政级别上升为"省"，改刘铭传的福建巡抚为台湾巡抚，常驻台湾岛。

其时，清朝的海军建设"重北轻南"，南部海军发展较为缓慢。刘铭传认为"办防一事，尤为台湾最重最急之需"，他上书建议联闽防台，提出"闽台一家，唇齿相依"的观点。做好对外联盟后，刘铭传开始着手建设台湾边防。他把防御重点放在澎湖（今澎湖列岛）、台北和台南地区，将士兵编为三十五营。按照战略位置的重要性，刘铭传派精兵宏字三营驻守澎湖；拨出十五营兵力驻守台北地区，其中，八营守卫台北重镇沪尾；台南、台中分别派兵十二营、五营。同时，刘铭传在防守重镇设上炮台并用铁水泥加固，在各海口设置水雷，辅助炮台防御。基础防御设施到位后，刘铭传上书申请快船防御台湾周边海事，被朝廷拒绝。不过，刘铭传并未因此停滞台湾的防御计划，他筹集资金，耗巨资购买多艘轮船，置于海口处，进一步增强了海上防御力量。

二沙湾炮台
又称"海门天险"，此炮台修于第一次鸦片战争初，当时的炮台是构筑于山下基隆港边，为台湾兵备道姚莹所建，后历多次整修，今日规模为光绪十年（1884年）时任台湾巡抚的刘铭传所修筑。

从海防体系整体构架可以看出，刘铭传胸中大有丘壑。在他的设计下，台湾海防水平和层次已远超内陆地区，拓展了清朝的海上防御空间。

树典立范，大兴新政

就任台湾巡抚后，刘铭传大胆地将台湾作为自己实践改革理论的"试点"，想把台湾的改革成果作为向全国推广的典范。任职七年间，他"筑铁路，通航运，办清赋，辟山林，建学堂，讨军事，开矿产，振工商"，极力落实"大兴新政"的改革计划。

光绪十三年（1887年），刘铭传在台北大稻埕（今台北市大同区境内）设立西式学堂，开设英文、法文、地理、理化等西学课程，聘请外教授课。为避免学生们"尽蹈外洋习气"，刘铭传还专门开设经史等传统课程。除西学堂外，刘铭传还开设了电报学堂，聘请外教教授电报技术。这在当时的中国是

刘铭传招抚台民图
出自光绪末年《点石斋画报》。刘铭传担任台湾巡抚后，鼓励福建人民来台湾定居，并设立抚垦局，将先进的农业技术传授给高山族人民，提高生产能力。

极其先进的做法。

刘铭传对传统科举制度做了改革，对优秀学生和贫困学生实行奖学金奖励，还增加科举名额，使台湾应试生员由之前寥寥几人发展到普遍应试。

在刘铭传在职的七年间，台湾年税收额由初时的90余万增长至300多万。历史学家连横在《台湾通史》中评价他为"有大勋劳于国家者"。

刘铭传任内措施

措施	内容
扩大抚番	武力讨伐原住民部落政权，于台北设番学堂，行原住民汉化教育
增设郡县	除台北府外又将台湾府改为台南府，另于中部置台湾府，全省增至三府、三厅、十一县、一直隶州
清理赋税	设官银局，造银币每年数十万两，为台湾自造银元之始
发展交通	光绪十七年（1891年）基隆、台北铁路通车，先后添购轮船八艘，远达南洋，连接南北电线，及于福建，扩充基隆煤矿
推广农业	鼓励种茶、棉、桑等经济作物，养蚕并拓展水利灌溉设施
设新式学堂	在台北大稻埕六馆街创"西学堂"，在大稻埕建昌街设"电报学堂"
电灯电报	完成建省工作（1887年），为台湾近代化奠定相当基础

1888年—1909年

初,鸿章筹海防十馀年,练军简器,外人震其名,谓非用师逾十万,不能攻旅顺,取天津、威海。故俄、法之警,皆知有备而退。

——《清史稿》

北洋水师

同治十三年(1874年),日本出兵侵犯中国台湾,清政府以赔款妥协议和。此事在朝野上下引起强烈震动,在清朝统治集团内部引发了一场筹办海防的大讨论。北洋水师即产生在这种背景下。

存在时间
1888年—1909年

种类
海军

规模
约3000~5000人

直属
总理海军事务衙门海军处

统帅
李鸿章

参与战役
甲午战争

地位
清政府的海军主力,是李鸿章经营最久、用费最多、也最为得意的一项重要洋务事业

北洋海军军旗
羽纱质地,底呈正黄色,上镶嵌青色五爪飞龙。原为三角黄底青龙旗,后被北洋海军沿用,光绪六年(1880年)改为正方形。《北洋海军章程》颁布后,遂正式成为最早的具有近代化意义的中国海军军旗。

筹建新式海军

整顿海防,筹建新式海军,是洋务事业的又一个重要措施,从19世纪70年代开始即着手进行。同治十三年(1874年),日本派兵侵略台湾,清政府以赔款妥协。日本此举使清政府深为震惊,筹办海防之议随之兴起。此时身任直隶总督兼北洋通商事务大臣的李鸿章呈交了洋洋万言的《筹议海防折》,急切陈述了海军海防大业的重要战略意义,系统提出以订购铁甲舰组建北、东、南三洋舰队的设想,并辅以沿海陆防,形成了中国近代海防战略。

济远舰

清政府向德国船厂订造的巡洋舰,原本是作为"定远"级的三号舰订造的,后由于经费不足改为建造巡洋舰。济远舰在甲午战争中参加了丰岛海战、黄海海战和威海卫之战。

前江苏巡抚丁日昌提出《海洋水师章程》六条,建议设立北洋、东洋和南洋三支海军,各军设提督一人。北洋提督驻天津,负责直、鲁两省沿海防务;东洋提督驻吴淞,负责江、浙两省的沿海防务;南洋提督驻南澳,负责粤、闽两省沿海防务。每支海军各配备大兵舰6艘,炮船10艘,每半年会操一次,"三洋联为一气"。总理衙门虽然基本同意丁日昌的建议,但以"财力未充,势难大举"为由,决定"先就北洋创设水师一军,俟力渐充,就一化三,择要分布"。

经过筹划,清廷于同治十四年(1875年)任命沈葆桢和李鸿章分别督办南洋、北洋海防事宜。海防经费每年由粤海、闽海等关及江、浙等六省厘金项下拨解400万两,南、北各得其半,但各省拨款多不足额,短缺甚多,不能按原定规划实行。清政府一开始即以创建北洋海军为重点,筹建海军主要由李鸿章负责。

三支海师成立

海军舰船除由福州船政局和江南制造总局制造外,主要购自英、德两国,其中19世纪70年代主要向英国购买舰船,自80年代起逐渐转向德国购买。北洋海军的主力铁甲舰"定远"、"镇远"及8艘巡洋舰中的"济远"、"经远"、"来远"各舰都是购自德国。至光绪二十年(1894年),分别建成福建水师、南洋水师和北洋水师,共有船舰六七十艘,已具有相当规模。

其中北洋水师是清政府的海军主力,规模最大,实力最强。光绪十四年(1888年)正式成立的北洋海军,共

北洋水师官兵和外国教习合影

有大小船只20余艘（不包括鱼雷艇及辅助船只），后又制定了《北洋海军章程》，确定了人员编制，并规定每隔三年会操一次。成军后的北洋海军，拥有舰艇25艘，官兵4000余人，在当时是亚洲最强大的海上军事力量。

自此以后，海军成为清廷一个十分重要的编制军种。19世纪80年代，李鸿章先后在旅顺口、大连湾、威海卫等地布置防务，修筑炮台，并在旅顺建设船坞。旅顺口和威海卫成为北洋海军的两个主要基地。

但北洋海军成立以后，未再增添任何新式军舰。光绪十七年（1891年）后因海防经费被挪用修筑颐和园，连枪炮弹药也停止购买。自此，北洋海军的建设陷于停顿、倒退的困境。北洋海军本来主要为抵御日本侵略而建，但由于清政府腐败，结果这支苦心经营的近代海军却在甲午战争中初受挫于丰岛，继则受创于黄海，最终被日本侵略者彻底粉碎。

北洋水师从创办到1895年全军覆没，一直归李鸿章管辖，是李鸿章经营最久、费用最多也最为得意的一项重要洋务事业。它的兴衰不仅和淮系集团势力的消长密不可分，而且也同整个洋务事业的成败相始终。

六十大寿时的慈禧太后

光绪二十年（1894年），慈禧迎来了她的六十大寿。为讨这位最高统治者的欢心，官员们挪用海军军费为其筹备庆典。

大清國慈禧皇太后

107

1894年

光绪元年秋，日本以兵舰突入朝鲜江华岛，毁其炮台，焚永宗城，杀朝鲜兵，掠军械以去。复以兵舰驻釜山，要盟。

——《中日兵事本末》

中日甲午战争

1894年7月25日，护送清军入朝镇压东学党起义的舰队完成任务返航时，在丰岛海面突然遭到日军袭击。日本不宣而战，向清军发起进攻，悍然挑起侵略战争，即甲午战争。

时间
1894年（甲午年）

主要作战地点
朝鲜半岛、黄海海域、辽东地区、山东半岛

主要战役
平壤战役、黄海海战、黑龙江江防战役、旅顺之战、威海卫之战、辽东之战

双方主要指挥官
清军：叶志超、聂士成、丁汝昌、宋庆、刘坤一等
日军：武田秀山、野津道贯、山县有朋、大山岩等

结果
《马关条约》签订

导火线东学党起义

光绪十九年（1893年）底，朝鲜发生东学党起义，朝鲜国王请求清政府派兵协助镇压。第二年（1894）五月初一，清政府派直隶提督叶志超和太原镇总兵聂士成率军入朝。日本方面以护送驻朝公使返任和保护侨民为名，也陆续派兵到朝鲜，并占领了从仁川到汉城一带的战略要地。

五月底，东学党起义被镇压，清政府建议两国按条约规定同时撤兵。日本不仅拒绝撤兵，反而继续向朝鲜增派军队。

六月二十一日（7月23日），日军闯入朝鲜王宫，劫持朝鲜国王，组建傀儡政权。二十三日凌晨，护送清军入朝的"济远""广乙""操江"三舰从牙山起碇返航，在途经牙山口外丰岛海面时，突然遭到日本军舰"吉

赴朝鲜助剿的清兵
19世纪末，东学党起义发生后，朝鲜政府请求清政府出兵援助。清政府决定派兵赴朝鲜助剿。赴朝清军从大沽港登船出发，分乘"图南""海晏""定海"三艘汽船，前往朝鲜忠清道仁川以南的牙山，驱剿东学党农民军。

平壤之战日军攻击图

平壤之战中,清军与日军激战整整一天,不敌日军抛弃辎重仓皇撤退,撤退途中屡遭日军伏击,造成了驻朝鲜清军全面溃退的局面。

野""浪速""秋津洲"的袭击。

日本不宣而战,正式挑起了侵华战争。因战争爆发这年是农历甲午年,故称甲午战争。

第一阶段海战

甲午战争的整个过程可分为两个阶段。第一阶段,从光绪二十年(1894年)六月底日本海军在丰岛海面突然袭击中国舰船,击沉中国运兵船"高升"号开始,到八月黄海海战止,战争主要在朝鲜半岛及海上进行。

在丰岛海战中,中国军舰"操江"号被劫走,"广乙"号中炮重伤搁浅焚毁,"济远"发炮还击,"高升"号被日舰击沉,船上中国官兵大部分壮烈殉国。同一天,日本陆军4000多人进犯牙山的中国驻扎军。主将叶志超弃守牙山,逃奔平壤。聂士成在成欢驿率部迎战,后因众寡悬殊,也不得不北撤平壤。日军占领牙山。

七月初一(8月1日),清政府被迫正式对日宣战。

民族英雄左宝贵

左宝贵(1837年—1894年),字冠廷,回族,今山东平邑人,清末著名民族英雄。甲午中日战争爆发后,左宝贵率军援朝,战死于朝鲜平壤之玄武门,是此战中清军高级将领战死的第一人。光绪帝赐他"太子少保"衔,谥忠壮,予骑都尉兼一云骑尉等封号,将其事迹交付国史馆立传。后在其家乡建有衣冠冢。

八月初，日军1.6万余人分途北犯，直逼平壤。十六日（9月15日），日军分四路围攻扼守平壤的中国驻军，双方展开激战，聂士成中炮牺牲，叶志超率残部从鸭绿江退回中国境内，朝鲜全境落入日本手中。

平壤战役后两天，中日海军主力又展开了黄海海战。十七日，海军提督丁汝昌率北洋舰队护送援军入朝到达大东沟，十八日午前，准备向旅顺基地返航，突然遭到日本联合舰队的袭击。

黄海海战经过近5个小时的激战后，双方各有损失，北洋舰队被击沉5艘战舰，舰上官兵大多壮烈牺牲，日

九连城之战

在平壤、黄海两战失利后，东北边境告急。朝廷任命宋庆为帮办北洋军务，令其率军赴九连城设防，与黑龙江将军依克唐阿部协守鸭绿江防务，结果在不到三天的时间内，清朝近3万重兵驻守的鸭绿江防线竟全线崩溃。

民族英雄邓世昌

邓世昌（1849年—1894年），原名永昌，字正卿，谥壮节，广东番禺人，是近代中国第一批自己培养出来的海军将领之一。在中日甲午战争黄海海战中，因"致远"舰受伤，弹药用尽，邓世昌意图撞沉日舰主力舰，但"致远"舰因为日舰攻击引起鱼雷爆炸而沉没，邓世昌决心与战舰同存亡，拒绝救援，与爱犬"太阳"相抱一同壮烈殉国。

本舰队则有5艘战舰遭受重创。

北洋舰队虽损失较大，但舰队主力"定远"和"镇远"等铁甲巨舰仍保持了战斗力，但黄海海战之后李鸿章命令北洋舰队固守基地，从而使日本获得了黄海及渤海的制海权。

第二阶段陆战

平壤、黄海战役后，日本进一步扩大侵略地域。从光绪二十年（1894年）十月偷渡鸭绿江进犯辽东地区并同时在辽东半岛的花园口登陆开始，到光

绪二十一年（1895年）三月中日《马关条约》签订为止，战争进入第二阶段，主要在中国境内的辽东地区和山东半岛进行。

光绪二十年（1894年）九月下旬，日军分两路大举入侵中国东北。一路渡鸭绿江后进攻辽东，接连占领安东、凤凰城、海城等地。一路在辽东半岛花园口登陆后包抄旅顺、大连，日军攻陷旅顺后制造了血腥大屠杀。

同年年底，日军扩大侵略，进攻北洋舰队的根据地，山东半岛的威海卫。在李鸿章"保船制敌"的指导思想下，清军舰船不准出击，结果日军占领威海卫，北洋海军全军覆没。

光绪二十一年（1895年）二月，日军大举进犯辽河下游地区，从初八至十三日，牛庄、营口等军事要塞全部沦陷。军事上的接连失败，使得清政府惊恐万状，决意屈膝乞和，签约投降。慈禧太后下令任命李鸿章为"头等全权大臣"，前往日本办理投降交涉。

李鸿章争取外国干涉的活动到处碰壁，只得不惜一切代价向日本求和。他为了不承担割地的罪责，表示只有给他割让土地的全权后才能赴日。慈禧太后这时称病不出，传话李鸿章，要他"一切遵上旨"。

光绪皇帝为形势所迫，最终让恭亲王奕䜣代传"面谕"，表示可以授予李鸿章"以商让土地之权"。4月17日，李鸿章在日本马关与伊藤博文签订了丧权辱国的《马关条约》。

日本的野蛮侵略激起了中国人民的强烈义愤，位于战争前线的东北人民，为了保家卫国，自发掀起了武装抗日怒潮。辽东人民还组织队伍主动向日军发动进攻，先后收复了宽甸、长甸两城，充分显示了中国人民不甘屈服的斗争精神和反抗侵略的爱国热情。

丁汝昌自杀图
日本明治年间画家水野年方绘。威海之战失败后，丁汝昌在宅中服鸦片自杀，终年59岁。因丁汝昌自尽符合日本的武士道精神，赢得了日本军人的敬重。伊东佑亨以商船将丁汝昌遗体送回中国。

北洋陆军保定一镇统制、统领、统带、参谋等官序立

保定一镇是指驻扎保定的那一镇，中日甲午战争惨败后，清政府建立了一支北洋新军，由袁世凯训练。北洋新军的建成，是中国陆军近代化的开始，也为袁世凯奠定了成为北洋军阀领袖的基础。

▶ 1895年

天演之秘，可一言而尽也；天唯赋物以孳乳而贪生，则其种自以日上，万物莫不如是。人其一耳。进者存而传焉，不进者病而亡焉。

——《天演论》

严复与《天演论》

中日甲午战争后，新兴资产阶级登上政治舞台，掀起了以救亡图存、变法图强为宗旨的维新运动。维新派广泛吸收了西方近代的自然科学知识、哲学和社会政治学说，形成了一套与封建专制统治思想相对立的思想体系，其中进化论占有重要地位。

时间
1895年

代表作
翻译赫胥黎的《天演论》

主要思想
物竞天择，适者生存

影响意义
进化论思想有力冲击了封建守旧观念，为维新变法提供了理论依据，同时也丰富了中国近代哲学思想，具有进步意义

走上维新之路

严复（1854年—1921年），字几道，后名复，福建侯官（今福州市）人。少年时学过儒家经典，1867年进入福州船政学堂，在后学堂学习驾驶。1871年，严复从船政学堂毕业，先后在"建威""扬武"两舰实习5年，由于他实习认真，成绩优秀，被选派去英国深造。

光绪三年（1877年），严复到英国后，使他感兴趣的不是西方军事知识与技术，而是资本主义社会的政治制度和学术文化思想。在英国期间，严复除了认真学习军事学校规定的自然科学和军事技术外，还十分注意接触资本主义社会的实际和阅读西方资产阶级思想家的著作，并曾去资本主义发展比较早的法国游历。

回国后，严复曾在福

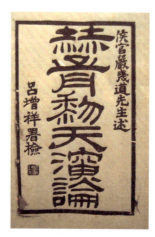

《天演论》书影
《天演论》结合介绍达尔文生物进化论及西方哲学思想，使当时处于"知识饥荒"时代的中国知识界如获至宝，产生了振聋发聩的影响。自此书出版后，物竞天择、优胜劣败等词，成为人们的口头禅。

位于天津古文化街的近代思想家严复铜像
严复（1854年—1921年），原名宗光，字又陵，后名复，字几道，晚号愈老人，福建侯官（今福州）人。中国近代启蒙思想家、翻译家。严复系统地将西方的社会学、政治学、政治经济学、哲学和自然科学介绍到中国，他的译著在当时影响巨大，是中国20世纪最重要的启蒙译著。他提出的"信、达、雅"的翻译标准对后世的翻译工作产生深远影响。

《国闻报》

《国闻报》是维新派创办的第一份报刊，光绪二十三年十月初一（1897年10月26日），由中国近代启蒙思想家、报刊活动家和翻译家严复创办于天津。初期为日报，一个月之后增出旬刊，刊名为《国闻汇编》，是戊戌变法时期维新派在华北的重要舆论阵地。戊戌政变后，由于西太后的压制，经营陷入困境，不得不卖给日本外务省，最后被义和团战火所焚。

州船政学堂、北洋水师学堂任职，但官场的腐朽和严峻的现实令严复清醒，他决然放弃追求个人前途的科举仕途，走上了维新的道路。

翻译《天演论》

光绪二十一年（1895年），严复着手翻译赫胥黎的《天演论》，介绍达尔文的进化论。严复用文言文意译了它的主要内容，并附加了自己的许多见解，于光绪二十三年（1897年）底开始在《国闻报》上陆续发表，第二年年初正式出版。

《天演论》的基本思想是阐述达尔文的进化观点，认为生物不是自古不变，而是按"物竞天择"的自然规律发展变化的。所谓"物竞"，就是生物之间"生存竞争"，优种战胜劣种，强种战胜弱种。所谓"天择"，就是自然选择，自然淘汰。就是说，生物的进化是在"生存竞争"和"自然淘汰"的过程中发展变化的。

在严复看来，《天演论》最主要的意义在于"质力杂糅，相剂为变"。他认为客观世界是由一种叫"质点"的物质所构成，"质点"在"力"的作用下进退变化形成了天下万物。他试图用自然科学中的力学原理来说明天下万物的变化原因。他把达尔文揭示的"物竞天择,适者生存"的生物进化理论视为天下万物发展变化的共同规律。

在中国面临列强瓜分、民族危机日益加深的情形下,严复介绍"天演论",强调"物竞天择",其本意在告诫国人:因循守旧,难免遭淘汰,陷于亡国灭种;只有变法图强,才是救亡图存的唯一出路。

他又强调人定胜天的思想,指出"天择"固然是客观规律,但人类不应无所作为,而应"与天争胜""胜天为治",发挥自身的主观能动性,在社会竞争中掌握主动权。这对唤起人民的觉醒,振奋民族精神,变法自强,反抗帝国主义的侵略,起了启蒙的作用;另外,也打击了那些高唱"夷夏之辨"的封建顽固分子,揭露了他们愚昧腐朽的真面目,有振聋发聩之效。

《天演论》一经发表,风行海内,轰动了国内思想界,产生了很大影响。它不仅促进了维新运动的发展,而且对即将到来的革命产生了广泛的影响。

严复介绍的《天演论》把进化论提到哲学的高度,为国人提供了一个新的世界观和方法论。但在辛亥革命后,严复逐步蜕变为主张复古守旧的落伍者。

严复的书法

严复不仅是中国近代史上向西方国家寻找真理的启蒙思想家之一,其书法在当时的学者圈内也属佼佼者。他主要擅长帖学,其字秀逸萧散、洒脱自然,落笔精妙,含筋抱骨,线条轻重徐疾富有节奏。

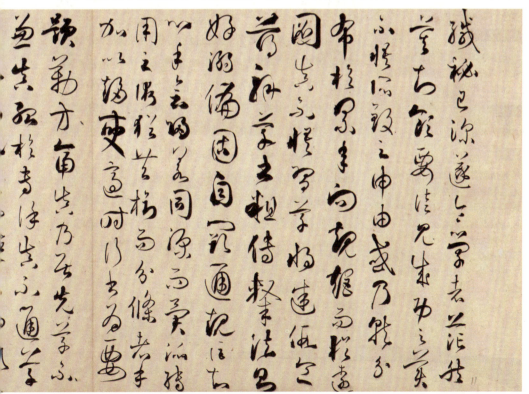

▶ 1895年

封建官僚的洋务运动始终不能表现为自强的事实；他们在对外事务上，总的说来，实行的只能是迁就、妥协、投降的方针。在同治年间，由于内部的人民起义一个个被镇压下去，封建统治者自夸为"同治中兴"。但是所谓"自强"、"中兴"，都不过是自欺欺人之谈。

——《从鸦片战争到五四运动》

洋务运动失败

自19世纪60年代到90年代，为挽救统治危机，清政府自上而下推行了一场以引进西方的军事装备、机器生产和科学技术为主要内容，以富国强兵为目的的自救运动，即洋务运动。洋务运动历时30余年，耗费国库巨额银两，但对外御敌却无一胜利，北洋水师在甲午中日战争中全军覆没，标志着洋务运动的失败。

标志时间
1895年北洋水师覆没

主要活动
创办军事工业、民用工业，编练新式陆海军，举办新式学堂，向海外派遣留学生等

目的
自强、求富

影响
洋务派创办的军事工业初步奠定了中国近代国防的基础；
民用企业的创办，促进了中国民族资本主义的发展；
创办新式学堂和派遣留学生培养了一批近代新式知识分子；
客观上为中国近代化开启了道路

要自强

洋务，又称夷务，其时泛指包括通商、传教、外交等在内与西方资本主义有关的一切事务。洋务运动是清政府为挽救统治危机，从19世纪60年代初到90年代中期，开展的一场自救运动。它以"自强""求富"为目的，在军事、工矿企业、交通运输和文化教育等许多领域，向西方国家学习，在中国走向近代的道路上跨出较大的一步。

自清咸丰十一年（1861年）总理衙门设立，总揽与洋务有关的各类事务，标志着洋务运动的开启。随着形势的发展变化和洋务派对西方国家认识

汉阳八八式步枪
又称老套筒或汉阳造，由张之洞所建立的汉阳兵工厂获得德国授权生产的1888年式步枪（即Gew88），是中国生产的第一款旋转后拉式枪机步枪。在清末一直到朝鲜战争，它都是中国军队的主要步枪之一，是中国产量最大、使用时间最长的步枪。

的逐步加深，洋务运动的重点前后有所不同。大体说来，19世纪六七十年代，以"求强"为口号，为适应战争和军事的需要，重点训练新式军队和建设军事工业。七八十年代，在继续进行"自强"活动的同时，又在"求富"口号下，逐渐兴办工矿、轮船、电报、铁路和纺织等民用工业，还举办了一批新式学堂，向海外派遣留学生和翻译西方书籍等。

创办军事工业

洋务派举办的军事工业从同治四年至光绪十六年（1865年—1890年），在全国各地共创办了21个军工局厂，其中规模较大的有5个，即江南制造总局、金陵机器局、福州船政局、天津机器局、湖北枪炮厂等。

这些军事工业的建设，使清朝军队的装备改变了以前全用刀矛弓箭、木船土炮的落后状态，一定程度上增强了清朝的国防力量，开了古老中国近代工业的先河，客观上促进了中国社会生产力的发展和资本主义民用企业的创办。但是这些军事工业都是洋务派封建官僚主持创办的，又完全缺乏近代工业生产的经济技术基础，不可避免地带有半殖民地半封建的色彩。

这些军事工业都不是独立经营的企业，而是地方政府的一个组成机构，不但要受总督、巡抚的控制和监督，还要受总理衙门的节制，封建官僚衙门的

沈葆桢
沈葆桢（1820年—1879年），原名沈振宗，字幼丹，又字翰宇，今福建福州人。晚清时期的重要大臣，中国近代造船、航运、海军建设事业的奠基人之一。光绪元年（1875年），沈葆桢被任为两江总督兼南洋大臣，负责督办南洋水师。因朝廷经费有限，沈葆桢主动提议先集中力量建北洋水师。北洋水师覆没后，南洋水师部分舰艇调防北洋。

一套官场恶习被搬到局厂，腐败现象在所难免，生产效率普遍低下，成本高昂，管理混乱。以规模最大、实力最雄厚的江南制造总局为例，每年的经费支出中，薪水、工食、修建、办公等项费用几乎占了全部经费的50%。

整顿海防，筹建新式海军，是从19世纪70年代开始的洋务事业的又一个重要内容。至光绪二十年（1894年），分别建成福建水师、南洋水师和北洋水

金陵机器制造局自制的格林炮

格林炮又称加特林机炮,是美国人理查·加特林发明的一种早期机枪,拥有每分钟600转的致命射速,是世界上第一种实用化的机枪,为清军及日军最早装备的机枪种类。

师,有船舰六七十艘,已具有相当规模。其中北洋水师是清政府的海军主力。新式海军本来主要为抵御外国侵略而建,但由于清政府的腐败,管理不力,后期设备更新不到位,结果使得苦心经营的北洋水师在甲午战争中被日本侵略者彻底粉碎。

兴办民用企业和教育

洋务派在"求富"旗帜下,还举办了20多个民用企业,涉及航运、采矿、冶炼、纺织、电信、铁路等工业行业,其中比较重要的企业有轮船招商局、开平煤矿、电报总局、上海机器织布局、汉阳铁厂等。

这些民用企业大都采用官督商办的形式,尽管较之官办的军事工业有了一些新气象,但在经营上仍然存在不少封建性弊端。企业管理中的衙门作风随着官权的加强不断强化,贪污腐败、营私舞弊等现象大量存在。所以,洋务派创办的民用工业在一定程度上促进了中国资本主义的发展,但它最终不可能引导中国达到"富强"的目的。

此外,洋务派还举办了新式教育

江南制造总局工人在运输枪炮

江南机器制造总局为晚清中国最重要的军工厂,是清政府洋务派开设的规模最大的近代军事企业。技术上聘用外国技师,同时雇用了大量的满人和汉人操作和学习机器,因其专业技能,当时工人的薪水是一般城市中苦力的4~8倍。这些工人成为中国近代最早形成的一批技术工人。

事业,创办了一批新式学堂、派遣留学生、翻译西学,这些活动既培养了具有先进科学技术的专业人才,又开阔了中国人的眼界,对推动中国近代社会的发展起到了积极作用。

不可避免的失败

洋务运动在客观上开启了中国近代化的道路,然而它又是以失败告终的运动。在半殖民地半封建社会的历史条件下,外国资本主义绝不会愿意也不可能允许中国通过兴办洋务富强起来。因此,在表面上扶植、支持洋务的同时,又不断采取政治、经济、外交乃至军事上的手段进行侵略和控制。

洋务派的某些重要首领,对于外国资本主义的压力,又多是采取妥协退让的办法。没有国家的独立，就不能保障民族经济的发展，"自强""求富"的愿望也就只能落空了。

清朝统治集团中的顽固势力，又生怕洋务的发展危及他们既得的权势，在政论上，经济上和舆论上多方面钳制和阻挠。洋务派本身的封建性和腐败性，也使洋务运动缺乏应有的生机和活力，诸如企业的衙门化、官僚化、挥霍浪费、任用私人、侵吞商股等现象相当严重而普遍，这就自我窒息了洋务事业的发展。

洋务运动是近代中国由洋务派发动的一次变革试验，历史记下了这次变革的成绩，也记下了它的失败，而且也做出了结论：洋务运动不能救中国。

总理各国事务衙门
总理各国事务衙门是清政府为办理对外事务而设立的中央机构，于咸丰十年年底（1861年1月）在北京成立，1883年添设海防股，这一职能后由海军衙门继承。

盛宣怀
盛宣怀（1844年—1916年），字杏荪，今江苏常州人。洋务派代表人物，著名的政治家、企业家和慈善家，在办外交办洋务等各方面，创造了近代中国多个第一，被誉为"中国实业之父""中国商父""中国高等教育之父"等。

1895年

十一年,台湾建行省,台湾巡抚兼学政事。二十一年,弃台湾,省巡抚。

——《清史稿》

《马关条约》失台湾

这是一场恶狼与羔羊的谈判。尽管李鸿章抱着"争得一分是一分"的态度,拼力力争,但态度强硬的伊藤博文却丝毫不肯让步,于是中国近代史上最耻辱的《马关条约》就此出场了。

时间
1895年

签署地点
日本马关

双方代表
中国:李鸿章、李经方
日本:伊藤博文、陆奥宗光

条约保存地
中方:中国台北"故宫博物院"
日本:日本东京国立公文书馆

影响
中国丢失了台湾地区等大片领土,引发了列强企图瓜分中国的狂潮

议和谈判

中日甲午战争爆发后,清政府始终没有勇气将战争进行到底,一直谋求议和。平壤、黄海两战失利后,北洋水师几乎全军覆没,形势危急。清光绪二十年(1894年)九月,清政府请求英国出面联合俄、美、法、德等国进行调停。

光绪二十一年二月十八日(1895年3月14日),清政府根据日本的授意,任命李鸿章为头等全权大臣,前往日本马关(今下关)议和。二十四日,李鸿章等同日本首相伊藤博文、外交大臣陆奥宗光等在马关的春帆楼开始谈判。

伊藤博文等人从一开始就摆出了战胜者的骄横

态度，肆意勒索，并派军攻占澎湖。李鸿章要求停止军事行动和减轻勒索，被伊藤博文拒绝。

二十八日，李鸿章在谈判后返回寓所途中，突然遭到日本暴徒枪击受伤。事件发生后，日本政府担心列强借口干涉，宣布除台湾、澎湖列岛地区外，其他战地立即停战。

三月初七（4月1日），中日代表重开谈判。日本提出包括中国割让奉天南部、台湾、澎湖列岛，赔偿日本军费三亿两等内容的媾和条款，条件非常苛刻。清政府指示李鸿章与伊藤博文等"竭力申说"，最大限度地争取减少割地赔款。

十六日，日本提出最后修正案，伊藤博文只准李鸿章说"允，不允两句话而已"，并以战争再起和进攻北京相威胁。十七日，李鸿章屈服于日本的压力，与伊藤博文签订了丧权辱国的《马关条约》。

陆奥宗光

陆奥宗光（1844年—1897年），本姓伊达，号福堂，日本政治家、外交家、武士、维新元勋。在伊藤内阁外务大臣任上，陆奥宗光在修改不平等条约方面展现其精明干练，有"剃刀大臣"的外号。19世纪末，利用朝鲜东学党起义之机，通过不光彩的手段，挑起了中日甲午战争。这一时期的日本外交也被称为"陆奥外交"。1897年因病逝世于家中。

条约签订

《马关条约》的主要内容是：
（一）中国承认日本对朝鲜的控制。

台湾观光地图

日本接管台湾后，成立了总督府，在施行以同化为主的教育内政之外，也积极改善城市交通。光绪二十五年（1899年）成立铁道部。此刊登于《台湾日日新报》的观光地图上面，标明台湾铁路沿线各大站及城镇位置，并注记台湾八景与十二名胜。

中日双方签署《马关条约》时的场景
出席仪式有（从火炭盆右起）：李鸿章、罗丰禄、伍廷芳，火炭盆左侧为：李经芳、马建忠，李鸿章对面右起：伊藤博文、陆奥宗光、内阁书记官伊东巳代治、外相秘书田中敬依。

（二）割让辽东半岛、台湾岛及所有附属各岛屿和澎湖列岛给日本。（三）赔偿日本军费二亿两白银。（四）增开沙市、重庆、苏州、杭州四个通商口岸，日船可以沿内河驶入以上各口。（五）允许日本人在中国通商口岸设立工厂，产品运销内地时只按进口货纳税，并准在内地设栈寄存等。《马关条约》引发了列强企图瓜分中国的狂潮，中国社会的半殖民地化程度进一步加深，同时它也成为中国近代民族觉醒的一个重要转折点。

《马关条约》签订的消息传出后，全国哗然。拒和废约，迁都再战的呼声震动了整个京城。处在抗敌前线的东北海城、盖平、岫岩等地人民，坚决反对割让辽东半岛，并集结义兵数十万准备继续抗击日军。台湾省举人汪春源等上书都察院，强烈抗议割让

日文版《马关条约》

台湾，表达了台湾人民"与其生为降虏，不如死为义民"的决心。

清朝内部也为《马关条约》丧权过重而不满，有的请杀李鸿章以谢天下，有的主张废约再战。作为一国之君的光绪皇帝，鉴于割地一事太苛刻和全国官民的强烈抗议，曾一度拒绝盖章，还派总理衙门大臣拜见俄、德、法等国驻华公使，请求他们速与本国密商相救办法。但慈禧太后和奕䜣、李鸿章等人反对毁约再战，俄、德、法三国也不肯帮助商改条约。光绪皇帝顶不住内外压力，最终还是批准了《马关条约》。

《马关条约》签署后中日两国交换条约的旅馆
登于1895年7月6日《插图报》的插画，旅馆位于当时的芝罘（今山东烟台）。中日两国的代表在此地交换两国皇帝的批准书，《马关条约》正式生效。

位于日本下关的春帆楼
为中日《马关条约》的谈判与签署地点。原建筑物在1945年因战争空袭而烧毁，之后重建，右侧建筑物为"日清议和纪念馆"。

1895年

中国约，为酬报交还奉天省南边地方，将库平银三千万两，迫于光绪二十一年九月二十日，即明治二十八年十一月十六日，交与日本国政府。

——《中日辽南条约》

三千万两"赎辽费"

《马关条约》签订后，俄、德、法三国出于各自利益需要，共同出面干涉，要求日本放弃对辽东半岛的占领，日本迫于压力放弃对辽东半岛的占领，但要求清政府偿付"赎辽费"三千万两库平银。

时间
1895年

地点
北京

干涉三国
俄、法、德

结果
中国以三千万两换日本交还辽东半岛

影响
帝国主义列强纷纷以"还辽有功"或其他借口，在中国展开了攫夺租借地、划分势力范围并向中国投资的大竞争

列强联手干涉

由于《马关条约》将沙俄垂涎已久的旅顺、大连两港和辽东半岛一并割让给日本，严重打击和破坏了沙俄在远东的扩张野心及其侵吞中国东北的计划。沙俄对此极为嫉恨，决定联合德、法两国共同采取强硬手段进行干涉，迫使日本放弃辽东半岛。德国为了转移俄国在欧洲的注意力，企图把它拖进远东的政治纠纷中去，自己也好趁机从中国取得一块立足之地，以扩张侵略势力，因此竭力怂恿俄国采取行动。作为俄国的同盟国，法国也积极支持俄国，企图在联合干涉中谋取侵华权益。

就在《马关条约》签订当天，俄国正式邀请德、法两国联合要求日本放弃割占辽东半岛。三国

林董

林董（1850年—1913年），日本明治时期的外交官、政治家。曾任外务大臣、递信大臣等职。中国清朝与日本签订《马关条约》后俄、德、法三国驻日公使向日本提出归还辽东半岛的要求（史称三国干涉）时，他代表外务大臣陆奥宗光接受三国通牒。同年，他卸去外务省次官职务，任驻华公使，并代表日本与中国钦差头等全权大臣李鸿章签订《辽南条约》，由清廷赎回辽东半岛。随后被授予男爵。

驻日公使各奉本国政府训令，分别照会日本政府，以《马关条约》某些条款"有害于中国首都安全和将来远东的永久和平"为借口，要求日本放弃对辽东半岛的占领，并限15日内答复，否则三国海军将有所行动。同时，三国派出军舰游弋日本海面，俄军6万余人也集结海参崴，对日本施加压力，大有顷刻兵戎相见之势。

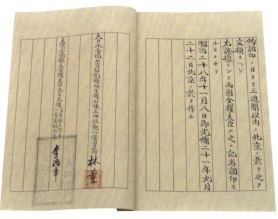

《中日辽南条约》（日文）

面对突如其来的联合干涉，日本感到十分惊慌。长达九个月的甲午战争，已使日本军队疲惫不堪，财政和军用物资极端匮乏，日本政府自忖无力与三国作战，急向英、美两国求援。然而，英、美两国既不愿意为日本的利益去冒战争风险，也害怕日本在华势力过分膨胀，都劝告日本接受三国的要求。于是，日本决定"对于俄、德、法三国虽全然让步，对于中国一步不让"。

日本让步

清光绪二十一年四月十一日（1895年5月5日），日本宣布接受三国"劝告"，同意退还辽东半岛，另外压迫清政府必须批准并如期交换《马关条约》，以维护其既得利益。俄、德、法三国见各自的目的已达到，又联手向清政府施加外交压力。

十四日，中日代表在烟台交换了《马关条约》的批准书。日本虽声明放弃对辽东半岛的占领，但却向三国提出由清政府偿付库平银5000万两作为"赎辽费"的要求。俄国为加强对清政府的影响，竭力表示办事"公正"，主张减半，经过讨价还价，在九月初二（10月19日）正式达成协议，由中国付给

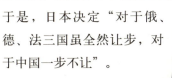

海约翰

在英国支持下，宣布门户开放政策，声称保持中国的主权和领土完整，各列强利益均沾，表面上避免了瓜分中国。海约翰（1838年—1905年），美国印第安纳州华盛顿郡人，作家、记者、外交家、政治家，曾任林肯总统私人秘书，后于威廉·麦金莱和老罗斯福等总统时期任国务卿。

列强瓜分中国漫画（右图）

在这张1898年的法国政治漫画中，表现了甲午战争后，鉴于清朝失去自卫能力，列强纷纷瓜分中国的场景。桌前众列强正在尝试争分中国这张大饼，后面极力阻止又无人听劝的是中国大清官员。桌前的人物由左至右分别是代表英国的维多利亚女王、代表德国的威廉二世、代表俄国的尼古拉二世、代表法国的玛丽安娜和代表日本的一名武士。

日本3000万两白银赎回辽东半岛。

九月二十二日（11月8日），李鸿章与日本代表林董在北京正式签订《中日辽南条约》，规定"日本交还辽东半岛；清政府偿付日本库平银3000万两作为'酬报'；交款后三个月内日本从辽东撤兵。"

三国施压日本退还辽东半岛，完全是为了各自的侵略利益。俄、德、法在干涉成功后，纷纷向清政府勒索报酬，从而掀起了瓜分中国的狂潮，中国的利益进一步被列强侵犯。

晚清重臣李鸿章与儿孙们的合影

出访欧洲的前一年，七旬的李鸿章与儿孙们的合影，在他死前，就把遗产都分给了后代，其中外孙张志沂（近代作家张爱玲父亲）就得租界洋楼八幢，金银无数。

列强对《马关条约》的反应及获得利益

国家	干涉原因	收获利益
俄国	企图在中国东北与朝鲜半岛建立势力范围，日本割让辽东半岛让俄国感觉利益受损	以迫日还辽有功，同清政府签署《中俄密约》，实际上把中国东北区域变成了俄国的势力范围
德国	在欧洲地位动摇，欲通过干涉中日议和，换取俄国支持德国在东亚的扩张	德国干涉还辽后想向清政府租借港湾，遭拒绝，后以传教士被杀为借口强占胶澳地区（青岛）
法国	德国拉拢俄国给了法国压力，法国觊觎台湾地区，同样想在东亚取得更多利益	《中法互订广州湾租界条约》使广州湾成为法国的租借土地
英国	中国开放更多的商埠对英国有利，而且日本在中国取得利益可以阻挡俄国向南扩张，因此最终保持中立	租借了威海卫、确认长江流域为势力范围、向缅甸铺设铁道、租借九龙半岛北边的"新界"
美国	与英国一样反应，中立	通过"门户开放"政策在中国享有平等的商业和工业贸易权

少年中国史

清朝对台湾地区的管理

台湾孤悬海外,固守中国南海门户,地理位置极其重要。自康熙帝收复台湾后,几百年间,每位皇帝都对台湾地区的管理极为重视。

清康熙二十三年(1684年),清政府将台湾设为"府",行政中心设在东安坊(今台南),在澎湖设立分巡台厦兵备道(官名,监督军事),与厦门同属于福建省。

雍正六年(1728年),清政府将台厦兵备道改为台湾道,不再统管台湾和厦门,而是设巡视台湾监察御史,专门管理台湾政事。

乾隆三十一年(1766年),鉴于台湾海防的重要性,清政府设南北两路理番同知(清官名,用以管理少数民族事宜)。

乾隆五十三年(1788年),清府在台湾增设按察使,用以管理台湾的

1867年打狗港哨船头

打狗港之名源自高雄历史上的古称,是今台湾高雄港前身。明郑时期,打狗港的角色以渔港为主,直到咸丰八年(1858年),清政府与英国、法国签订《天津条约》,确定打狗港成为台湾地区四个开放的通商口岸之一,但直到同治三年(1864年)清政府颁布暂行章程后,打狗港才正式开港。

鹿港龙山寺山门

鹿港龙山寺是现在台湾保存最完整的台湾清治时期建筑物,整个庙宇最重要的是其建筑和雕刻。康熙年间由纯真璞禅师自泉安龙山寺分香观音大士佛像于鹿港暗街仔(今大有街)结庵奉祀,清朝乾隆五十一年(1786年)迁至现址,道光十一年(1831年)大修并重建多次。

刑法之事。

光绪十一年（1885年），台湾建省，清政府任命刘铭传为台湾巡抚，驻台湾办公。刘铭传担任巡抚后，重新划分了台湾行政区域。他深受新政及西学影响，大刀阔斧地改革台湾，广设新式学堂，铺设铁路、电报线路等先进设施。

光绪十七年（1891年），邵有濂继任台湾巡抚。他将刘铭传实行的新政尽皆废除，但台湾的近代化进程已无法阻止，此时的台湾居民在西学影响下，思想开通，秩序井然。

光绪二十年（1894年），唐景崧出任台湾巡抚，将台北改为省会。但由于清廷在甲午战争中失败，台湾被迫割让给了日本。台湾日占时期于1945年9月2日以日本投降结束，计约50年。

日占时期台湾总督府

台湾总督府是日占时期的最高统治机关，其首长为台湾总督。身为总督府主官的台湾总督，总揽行政、立法、司法、军事等大权，形成总督专制的政体。

台北城承恩门

台北城是指台湾地区在清治时代后期于台北大稻埕与艋舺两地之间所构筑、面积达1.4平方千米的城郭，因为是台北府所在，又称为台北府城。台湾建省后，台湾巡抚衙门、台湾布政使司衙门等两大行政机关皆设于此。

1895年

请拒和、迁都、练兵、变法，盖非迁都不能拒和，非变法无以立国也。

——《万言书》

公车上书

中日甲午战争后，西方列强加快了掠夺中国的步伐，纷纷抢占租借地，划分势力范围，掀起了瓜分中国的狂潮。此时，随着国内民族工业的发展，民族资产阶级作为一种新的社会政治力量逐渐壮大起来，一场声势浩大的维新变法运动正在酝酿之中。

时间
1895年

地点
北京

派别
维新派

代表人物
康有为

主要主张
拒和、迁都、变法

影响
中国近代知识分子第一次集体性的爱国行动；
酝酿已久的资产阶级维新思潮逐渐转变为一场爱国救亡运动；
康有为从此确立了维新变法运动领袖的地位

清光绪二十一年（1895年）三月，康有为在北京参加会试期间，传来日本逼迫中国签订《马关条约》的消息。对于这个严重丧权辱国的条约，全国各阶层人士无不为之痛心疾首。在京参加会试的举人们也义愤填膺，以省籍为单位纷纷到都察院请愿，表示反对。

在全国上下一片愤怒声中，康有为更是万分愤慨，奔走呼号，联络举人们集会，讨论上书请愿，会后由康有为起草了《万言书》（即《上清帝第二书》）。在上书中，康有为痛切指出形势的危殆，警告光绪皇帝：如按条约规定对日割地赔款，必将丧失民心，引起列强接踵而至，提出"拒和、迁都、变法"

康有为

康有为（1858年—1927年），原名祖诒，字广厦，号长素，广东省南海县丹灶苏村人，人称康南海。光绪二十一年（1895年）进士，曾与弟子梁启超合作戊戌变法，后事败，出逃。辛亥革命后，康有为于1913年回国，定居上海辛家花园，主编《不忍》杂志。为中国晚清时期重要的政治家、思想家、教育家，资产阶级改良主义的代表人物。

的主张；请求皇帝严厉处分丧权辱国的大臣；迁都西安，整军再战；将对日赔款移作军费，加紧练兵；实行变法，采取"富国""养民""教民"的各种有效措施，以改弦更张，转弱为强。

上书中强调："今之为治，当以开创之势治天下，不当以守成之势治天下；当以列国并立之势治天下，不当以一统垂裳之势治天下。"皇帝如果要"筹自强之策，计万世之安，非变通旧法，无以为治"。还提出以府县为单位，每约十万户公举一位"博古今、通中外、明政体、方正直言之士"为"议郎"，"上驳诏书，下达民词"，供皇帝咨询，负责讨论决定"内外兴革大政"。

康有为认为"拒和、迁都、练兵"三项都是"权宜应敌之谋"，变法才是"立国自强"的根本大计。这是康有为继光绪十四年（1888年）第一次上书皇帝之后的第二次上书皇帝。这次上书拉开了戊戌变法的序幕。

《万言书》征集到1300多名举人签名，准备递交都察院代奏。康有为发动举人上书事件，即是中国近代史上有名的"公车上书"。但是，这次上书，都察院以《马关条约》已经签字，无法

《中外纪闻》刊物
创刊于清光绪二十一年（1895年）。双日刊，由康有为主办。主要发行对象是在京的政府官员，发行方式是随《京报》免费赠送。主要围绕"公车上书"的主旨进行宣传，其内容分为上谕、外电、各报选录、译报、评论等，主要论述富国强兵之路，振兴国家之策、教民新民之法，阐述救亡图存的变法主张，在官员中产生了很大影响。

挽回为由，拒绝接受，当然也就不可能到达光绪皇帝手里，但在社会上广为传抄，流传很广。

"公车上书"是从19世纪70年代出现的资产阶级维新思潮发展为政治运动的起点，是中国近代知识分子第一次作为一种社会政治力量表现出的群众性的爱国行动，虽然参加者均是举人，社会阶层狭窄，但联系广泛，对社会的震动和影响很大。社会上要求变法的呼声日益高涨，康有为也从此确立了维新变法运动领袖的地位。

1896年

西方各国上下一心，齐心合作，无事不举，积富为强；反观中国，政事杂乱，多方掣肘，生财之法亦远远落后。

——《李鸿章致吴汝纶的信》

李鸿章出访游列国

《马关条约》签订后，李鸿章遭群议贬谪。他被革去直隶总督兼北洋大臣之职，留京"入阁闲居"。清光绪二十二年（1896年）春，俄国沙皇尼古拉二世举行加冕礼，清廷任命李鸿章为"钦差头等出使大臣"，受邀前往俄国，随后又游访了德、法、英、美等国。

时间
1896年

出访国家
俄国、德国、荷兰、比利时、法国、英国、美国

出访代表
李鸿章

特备工具
带着棺材

影响
改变了中国人以往的丑陋粗鄙形象；
考察了西方国家的政治和外交等情况，体察到了中西方的差距

尼古拉二世
尼古拉二世（1868年—1918年），俄罗斯帝国末代沙皇和芬兰大公，在位时间1894年—1917年。1896年5月26日，俄皇尼古拉二世加冕，清廷任命李鸿章为专使，王之春为副使，赠俄皇头等第一品御赐双龙宝星勋章。

出访俄国

《马关条约》签订后，李鸿章在政治上失势。清廷革去其直隶总督、北洋大臣之职，徒留文华殿大学士虚衔。此时，日本在东北势力的急剧膨胀，引起了俄国的警惕和担忧。

清光绪二十二年（1896年），俄国政府借沙皇尼古拉二世加冕典礼的机会向清政府发出邀请，希望能派员参加，更重要的是，讨论如何限制日本在中国东北的利益，实现俄国对中国东北的侵略野心。李鸿章当时赋闲在家，且是亲俄路线的坚决拥护者，自然是出使大臣的最佳人选。于是，清廷决定派李鸿章组织使团赴俄，顺访英、法、德、美等国。

李鸿章出访使团除其子李经方、李经述外，还

双龙宝星勋章

清代双龙宝星头版金质二等第一勋章。清朝末年,在中外国际交往中,清廷传统赠赐的礼物与国际惯例国家勋章不相宜,于是光绪七年(1881年)总理各国事务衙门建议设置了"双龙宝星勋章",作为颁给外国君主及使节的礼物。共分五等十一级,为中国历史上首套真正的勋章。此枚勋章金质镶珐琅,边沿饰以整齐排列的云头纹,两两相间处镶嵌红宝石,中间浮雕双龙戏珠图案,双龙鎏金,鳞片清晰,气势威猛,火珠中心镶嵌光面大红珊瑚,四周掐金丝表现熊熊火焰,工艺精美,最初得主为葡萄牙驻华公使,后几经辗转,由美国收藏家获得,并收藏至今。

有兵部主事于式枚、洋员德国人德璀琳、总税务司英国人赫德的弟弟赫政、英国医生伊尔文等人。三月十八日(4月30日),李鸿章一行抵达俄国圣彼得堡。李鸿章并未安排在国宾馆住宿,而是住在俄国著名的巨商巴舍夫的家中,受到了巴舍夫一家最隆重的接待。

俄国政府对中国使团非常重视,由杰出外交家、财政大臣维特负责全程接待李鸿章一行。在俄期间,沙皇尼古拉二世两次秘密召见李鸿章,亲自与其谈判签约一事。

四月十四(5月26日),尼古拉二世举行加冕典礼,李鸿章前往祝贺。次日,各国显要都入宫庆贺。李鸿章被安排在首席贺臣的行列中,同英国皇太子、德国亲王、日本皇弟等人平起平坐,可见对李鸿章的尊重之至。

不久,李鸿章与俄国政府秘密签订条约,史称《中俄密约》。主要内容有:一、中俄两国遇有战事,互相援助;二、中俄两国不得私自同敌国订立和约;三、如遇紧要战事,中国所有口岸允许俄国军舰驶入;四、中国允许俄国修筑一条从黑龙江、吉林到海参崴的铁路,并在该路运送军队粮食等。不久,根据密约,清廷又与俄国签订了一个《中俄合办东省铁路公司合同》。这样,俄国在攫取中东铁路修筑权的同时,还掠夺了铁路沿线的采矿、伐木、行政、派驻警察、驻军及减免税厘的特权。

德国见闻

五月初三(6月13日),李鸿章一行离开俄国后抵达德国首都柏林。德国人对李鸿章予以隆重礼遇,德国人甚至

临终诗

劳劳车马未离鞍,
临事方知一死难。
三百年来伤国步,
八千里外吊民残。
秋风宝剑孤臣泪,
落日旌旗大将坛。
海外尘氛犹未息,
诸君莫作等闲看。

——清·李鸿章

1881年的俾斯麦

俾斯麦（1815年—1898年），劳恩堡公爵，普鲁士王国首相，德意志帝国首任宰相，人称"铁血宰相"。由于其对德国统一的贡献，加上卓越成就，俾斯麦最后升任为德意志帝国陆军上将。清光绪二十二年（1896年）五月，李鸿章到德国与俾斯麦见面，曾询问复兴中国之路，俾斯麦对其说，练兵为立国之基，李鸿章遂求德国派军事教官给中国帮助。

李鸿章访问德国时留影（中坐轮椅者为李鸿章）

充分考虑到李鸿章的喜好，房间茶几上摆着雪茄烟，庭院长廊中挂着画眉鸟。

德国人之所以如此接待李鸿章，其实也有自己的如意算盘，即希望中国能够从德国订购大批武器。李鸿章在德发表声明，此次德国之行，的确见识到德国制造业的发达。回国之后，他会向皇帝报告，今后有机会定来德国采购军火。

五月初六（6月16日），德皇在新建的皇宫设宴接待李鸿章。宴会结束后，德皇邀请李鸿章阅兵。看到德军阵势变化，缓急有序，李鸿章由衷赞道："我如果能有这样的十个营，甲午一战就不会败给日本。"

第二天，李鸿章与俾斯麦会面。李鸿章身着黄马褂，俾斯麦则胸佩大十字宝星，头戴御赐王冠。李鸿章先作揖为礼，两人握手致意。寒暄过后，李鸿章切入正题，向俾斯麦请教复兴中国之道以及励精图治之策，俾斯麦答道："以练兵为立国之基，舍此别无良策。兵贵在精而不在多，五万足矣。"二人会面结束后，李鸿章给俾斯麦留言道：

"仆闻王盛名十余年,不过如空谷之应声耳,今乃觌面见之,直如剑气珠光,不敢逼视。"

抵达荷兰和比利时

五月二十四(7月4日),李鸿章使团离别德国,来到荷兰。荷兰皇室宴请李鸿章,席间皇太妃赏赐李鸿章金狮子大十字宝星一枚。宴会后的歌舞表演给李鸿章留下了很深印象,他当即赋诗一首,云:"出入承明四十年,忽来海外地行仙,华筵盛会娱丝竹,千岁灯花喜报传。"

二十九日,李鸿章一行来到比利时。在比利时,李鸿章参观了克革列枪炮厂。李鸿章对一尊新式大炮产生了浓厚的兴趣,赞不绝口,军火商见其十分喜爱,表示愿赠送一尊,并于本年冬天将大炮运抵京城。比利时国王设宴款待李鸿章。席间,李鸿章竟点着烟抽了起来。按照西洋礼节,这是对主人的不尊重。但比利时国王并没介意,而是巧妙地拿出各种烟卷分发给各位宾客,化解尴尬。

英法之行

六月初三(7月13日),李鸿章一行抵达法国巴黎。次日是法国共和纪念日,法国总统福尔在塞纳河畔举行了隆重庆典,李鸿章受邀参加了阅兵式和塞纳河上的烟火晚会。初七,法国外交部在埃菲尔铁塔设宴款待李鸿章。当时埃菲尔铁塔已安装电梯,但李鸿章却以伤风为由婉拒了法方邀请登塔。随后几天,李鸿章参观了法国的银行、报社、织绸厂、提花厂、煤矿铁矿等民生产业,在法国,李鸿章真切感受了民主的氛围。

六月二十三日(8月2日),李鸿章离开法国的哈伦港,抵达英国南安普敦港,开始了对英国为期20天的访问。

李鸿章书法

巴黎爱丽舍宫法兰西共和国总统接见李鸿章
李鸿章抵达法国巴黎时，第二天正巧是法国共和纪念日，法国总统福尔在塞纳河畔举行了隆重庆典，几天后法国外交部在埃菲尔铁塔设宴款待李鸿章，并邀请李鸿章乘电梯登塔，李鸿章以伤风为由婉拒。

在英国期间，下榻伦敦市中心议院贵族琅司岱的私宅。二十五日，李鸿章与英国首相兼外交部总长索尔茨伯里密谈一上午，双方从两国的经贸合作谈到外交政策。谈及增加关税问题，李鸿章对首相不愿增加关税表示不满。

二十六日，李鸿章在奥斯本行宫觐见维多利亚女王。女王起身折腰为礼，李鸿章则以三鞠躬还礼。女王特意安排李鸿章到朴茨茅斯军港参观英国海军。李鸿章乘坐"矮孛打"号巡阅了世界上最强大的舰队。港口共停泊着二十七艘铁甲舰，二十艘巡洋舰。李鸿章每至一舰，各舰均降旗致敬，军官率领着士兵立于甲板之上接受检阅。"矮孛打"号驶进港口时，"维多利亚"大战舰鸣礼炮19响，表示对李鸿章的尊敬和欢迎。训练有素的英国海军给李鸿章留下了深刻印象。

随后，李鸿章参观了造船厂，他对各式各样的舰船表现了极大的兴趣，并虚心向工程技术人员求教。看到眼前的舰船，更激发了他重整中国海军之心。接下来的几天，李鸿章相继拜访了伦敦中国会、戈登墓以及肯辛顿博物院等。在伦敦中国会，李鸿章发表演讲，称此次英国之行"过蒙优待，是证中英之交谊，业已由渐而深；从知欧亚之亲情，必益相观而善"。针对中西发展的差距，李鸿章认为中国只能逐步渐进，不可能一蹴而就。

七月初二（8月10日），汇丰银行经理喀密伦盛情邀请李鸿章一行，随后几天，李鸿章相继参观了国家银行、邮政总局和商务总局。在国家银行，李鸿章咨询了诸多问题，如对人员工资的发放、借贷利息等；在邮政总局，报务员现场演示了发报机的使用。

初五，李鸿章来到乌里治造船厂，观看了英国炮兵的操练。至水雷厂时，对水雷制造的办法、如何定购以及水雷价格等都进行了仔细询问。之后，李鸿章乘轮船在泰晤士河历览了英国船坞、船厂、枪局和炮局。

初七，李鸿章来到了闻名世界的格林尼治天文台，同时受到海底电缆公司总办的宴请。宴席前，总办将两条长一尺的英美大洋电缆线赠予李鸿章。随后李鸿章参观伦敦电报局。当时伦敦电报局共雇用发报员三千人，令人惊叹。李鸿章当即写就一封85字的电报，发给中国电报局督办盛宣怀。盛宣怀很快发出94字的回电，七分钟后抵达伦敦。李鸿章不禁感慨电报的神速。英国电报公司希望中英能够在电报领域精诚合作。李鸿章到格拉斯哥后，在游览铸造铁甲局和车机局时，对其生产成本和利润都详加询问，同时李鸿章还诚挚邀请英国专家能够来华效力。他还参观了格拉斯哥缝纫机厂，并留下两台作为纪念。

美国之行

七月二十日（8月28日），李鸿章抵达美国纽约。次日，美国总统克利夫兰在纽约前国务卿惠特尼的私人住宅举行午宴，欢迎李鸿章。李鸿章转交了中国皇帝给美国总统的信。会见过程中，双方讨论了"照镑加税"问题。

二十二日，李鸿章专门拜谒了尚未建成的美国前总统格兰特的陵墓。李鸿章在纽约访问时，特地探望了格兰特

递交国书
清光绪二十二年七月二十一日（1896年8月29日），在美国前国务卿惠特尼的宅邸，李鸿章向克利夫兰总统递交中国皇帝的国书。美国前总统格兰特与李鸿章曾一见如故，因此，李鸿章此次访美，还特地到格兰特墓前种下一棵纪念树，并看望了格兰特夫人。

格兰特总统与李鸿章总督

清光绪三年（1877年），前美国总统尤利西斯·格兰特踏上了环球之旅。格兰特途经香港，随后又来到北京、广州、上海和天津，其间会见了恭亲王和总督李鸿章，与李鸿章一见如故。二十年后，李鸿章因公出访美国时还特意来到纽约的格兰特总统墓前致敬。

李鸿章的厨师

出自清光绪二十二年（1896年）《哈珀斯周刊》插画，当时李鸿章访美时下榻纽约第五大道的华尔道夫酒店，他自带的厨师正在酒店为他烹饪中式饭菜。

的遗孀朱莉娅。朱莉娅设宴款待李鸿章，并邀请了工商界名流百余人作陪。散席时，朱莉娅即把丈夫的手杖立于台上，向出席者讲述了丈夫与李鸿章的交往和友谊，也和盘托出这根手杖的故事。讲完后，朱莉娅当众双手举杖，奉赠给李鸿章。李鸿章深受感动，回国后，视同至宝，须臾不离身。

七月二十五日（9月2日）上午，李鸿章在其下榻的华尔道夫饭店举行记者招待会，向美国新闻界介绍他对美国的观感，并回答记者的提问，展现了大国重臣不卑不亢的人格姿态。在接受美国记者访问时，他毫不客气地批评美国的排华法案《格利法》，显示了中国人的民族气节。他呼吁中国报纸应该揭露真相、讲真话，展现了他敏锐的国权意

李鸿章与英国首相兼外交大臣罗伯特·盖斯科因-塞西尔（左）、外交副大臣寇松（右）合影

李鸿章走上"圣·路易斯"号邮轮

李鸿章访美时受到欢迎

大清帝国前直隶总督兼北洋大臣李鸿章乘"圣·路易斯"号邮轮于美国时间1896年8月28日抵达美国纽约,开始对美国进行访问。李鸿章在美国受到了美国总统克利夫兰的接见,并和美国一些要员及群众见面,受到了史无前例的礼遇。就连当时的美国民众对李鸿章访美也反响热烈,都想看一看统治人口比全欧洲君主们所辖子民总和还多的大清国总理大臣的风采。

识和现代意识。

二十六日,李鸿章会见了美国基督教教会领袖,就美国来华传教士的活动和"孔子之道与耶稣之道"的异同等问题交换了意见。离开纽约后,李鸿章到达费城,在那里参观了美国独立厅、自由钟。访美结束后,李鸿章有意避开了美国西部,而选择了加拿大作为他回国的路线,并呼吁美国废除排华法案。

行程结束

七月二十八日(9月5日),李鸿章离开美国坐火车到达加拿大。在加拿大,李鸿章参观了尼亚加拉大瀑布,访问了多伦多、温哥华等城市。尤其对加拿大的铁路事业赞不绝口,连呼:"为天下第一大工,各国罕有伦比。"到八月初七(9月13日),李鸿章结束对加拿大的访问,第二天启程回国。八月二十七日(10月3日),李鸿章经日本横滨返回天津,完成了其游访欧美列国的行程。

李鸿章这次出访欧美,从二月十五日(3月28日)离开上海,到八月二十七日(10月3日)到达天津,共历时190天。其间,经过四大洲,横渡三大洋,水陆行程9万多里,遍访欧美8个国家,尤其是访问了当时欧美五大强国,在访问中,他考察了西方主要资本主义国家的政治、经济、军事、科技和文化,深切地体察到中国和西方的差距,如实地向光绪皇帝和慈禧陈述了在欧美的所见所闻,希望中国能赶上西方列强,在思想上也产生了对资产阶级维新派的同情。

他在致吴汝纶的信件中,抒发了对西方文明的无限向往。他说"西方各国上下一心,齐心合作,无事不举,积富为强;反观中国,政事杂乱,多方掣肘,生财之法亦远远落后"。

然而,这次出访过程中,李鸿章

也代表清政府和俄国签订了《中俄密约》，有损中国主权，造成严重后患。就在这一密约签订一年多之后，德俄相互勾结、狼狈为奸，先后在中国租借了胶州湾、旅顺、大连，建立了势力范围，其他西方列强也紧随其后，把中国拖到了被瓜分的边缘。

李鸿章出访加拿大
清光绪二十二年七月二十八日（1896年9月5日），李鸿章一行离开华盛顿前往英属加拿大，途中参观了美加边境的尼亚加拉大瀑布，尽情观赏了这里的自然风光，然后才前往多伦多。在多伦多稍事停留后，李鸿章一行来到加拿大西海岸城市温哥华，在这里结束了他的欧美旅程。

西方人眼中出访的李鸿章
在清晚期，内外交困的局面中，李鸿章无疑是那个时代最懂外国的政治家，也是在西方世界获得赞誉最多的中国官员。

1898年

朕惟国是不定则号令不行,极其流弊,必至门户纷争,互相水火,徒蹈宋明积习,于是政毫无补益,即以中国大经大法而论,五帝三王不相沿袭,譬之冬裘夏葛,势不两存。

——《明定国是》诏

戊戌变法

随着维新运动的高涨,光绪帝颁布《明定国是》诏,宣布变法。但权力掌握在谁手里,谁才有话语权,前后不过短短的103天,就以太后的训政而结束。

时间
1898年

地点
北京

代表人物
康有为、梁启超、谭嗣同等

目的
救亡图存

性质
资产阶级性质的改良运动

结果
慈禧发动政变,戊戌六君子牺牲,光绪帝被囚禁

启示
资产阶级改良道路在中国行不通

影响
掀起了近代中国第一次思想解放的潮流

君臣相识

正当维新运动日趋高涨之时,光绪二十三年(1897年)十月,德国出兵强占胶州湾。康有为闻讯后,从上海赶到北京,第五次向光绪皇帝上书,指出民族危机的严重性和维新变法的紧迫性。这次上书虽然没有送到光绪皇帝手里,但在社会上流传颇广,影响甚大。后来康有为被五大臣"问话",得到翁同龢的赞赏。在翁同龢的推荐下,光绪皇帝诏令康有为可以随时上奏言事。

光绪二十四年正月初八(1898年1月29日),康有为上《应召统筹全局折》,请求光绪皇帝厉行变法,指出

翁同龢
翁同龢(1830年—1904年),字叔平,号松禅,晚号瓶庵居士,江苏常熟人。晚清政治人物、书法家。官至户部、工部尚书、军机大臣兼总理各国事务衙门大臣,是同治帝和光绪帝的两代帝师。翁同龢曾经支持康有为和梁启超两人发起的强学会,戊戌变法进入第5日,慈禧要求光绪下令免去他的协办大学士及军机大臣等职务,逐回原籍。

别意

志士叹水逝，行不悲风寒。
风寒犹得暖，水逝不复还！
况我别同志，遥遥千里间。
缆祛泣将别，芳草青且歇。
修途浩渺漫，形分肠断绝。
何以压轻装，鲛绡缝云裳。
何以壮行色，宝剑丁香结。
何以表劳思，东海珊瑚枝。
何以慰辽远，勤修惜日短。
坠欢无续时，嘉会强相期。
为君歌，为君舞，
君弟行，毋自苦。

——清·谭嗣同

"能变则全，不变则亡，全变则强，小变仍亡"，建议光绪皇帝取法日本，全面维新。康有为的上书得到光绪皇帝的赏识。

变法与反变法，不但在维新派和顽固派之间从始至终进行着激烈的斗争，而且也同朝廷内部帝后两党的斗争密切相关。支持变法的帝党与反对变法的后党之间争夺统治权的斗争日趋激烈。光绪皇帝为了加快变法，推行新政，于四月二十三日（6月11日）颁布了"明定国是"的诏书，宣布变法。

谭嗣同

谭嗣同（1865年—1898年）字复生，号壮飞，湖南浏阳人。清末变法维新运动的激进派。他主张中国要强盛，只有发展民族工商业，学习西方资产阶级的政治制度。公开提出废科举、兴学校、开矿藏、修铁路、办工厂、改官制等变法维新的主张。写文章抨击清政府的卖国投降政策。参与维新变法，失败后被捕，在北京菜市口从容就义，为戊戌六君子之一。代表作品有《仁学》《狱中题壁》《寥天一阁文》《莽苍苍斋诗》《远遗堂集外文》等。

变法开始

从四月二十三日到六月初（6月11日—7月下旬），光绪皇帝颁布的新政主要是经济、军事、文教方面的改革。

经济方面有保护农工商业，设立农工商局，切实开垦荒地，提倡开办实业，奖励新发明、新创造；设立铁路、矿产总局，修筑铁路，开采矿产；设立全国邮政局，裁撤驿站；改革财政，编制国家预算等。

梁启超

梁启超（1873年—1929年），字卓如，一字任甫，号任公，又号饮冰室主人，广东新会人。中国近代思想家、政治家、教育家、史学家、文学家。戊戌变法领袖之一、中国近代维新派代表人物，事败后出逃，在海外推动君主立宪。曾倡导文体改良的"诗界革命"和"小说界革命"。其著作合编为《饮冰室合集》。

文教方面有改革科举制度，废八股，改试策论；设立学校，开办京师大学堂；设立译书局，翻译外国新书；允许自由创立报馆、学会；派人出国留学、游历等。军事方面有训练海、陆军，陆军改练洋操，裁减旧军以及力行保甲等。

从六月初到八月上旬，新政由经济、文教、军事方面扩展到政治方面。主要改革有删改则例，裁汰冗员，取消闲散重叠的机构；准许"旗人"自谋生计；准许百姓向朝廷上书等。至于维新派和康有为在过去多次提出的设议院、开国会、定宪法等政治主张，在"百日维新"期间康有为并未提出，光绪皇帝颁发的维新诏令中也无此内容。

康有为在此期间一再提醒光绪皇帝对国会、议院等不可操之过急，原因是"民智不开，遽用民权，举国聋瞽，守旧愈甚，取乱之道也"。

新政明显是要用西方和日本资本主义国家的政治、经济、文化制度模式，取代中国传统的封建制度。变法和反变法既然是顽固势力与新兴的资产阶级之间的政治斗争，就不能不引起把持统治实权的顽固守旧势力的强烈抵制和反对。

对康有为的奏折和光绪皇帝的一系列关于变法和新政的诏谕，除了手无实权的某些开明帝党官员表示支持，湖南巡抚陈宝箴能认真执行，湖北巡抚曾

戊戌变法

内容	措施	进步意义	结果
政治方面	广开言路，精简机构	有利于中国民族资本主义的发展和先进科学文化的传播；给中国民族资产阶级提供了参政可能；初步动摇了封建统治秩序	由于慈禧守旧势力发动政变，戊戌变法变败
经济方面	鼓励发展农工商业		
文化教育方面	提倡西学，废除八股，培训人才		
军事方面	改革军制，精练陆军，添设海军		

铄也比较热心之外，其他各省督抚则观望敷衍，甚至抵制。如两江总督刘坤一和两广总督谭钟麟对变法期间"谕令筹办之事，竟无一字复奏"，经电旨催问，刘坤一声称"部文未到"，谭钟麟则"置若罔闻"。

光绪皇帝虽然也谕令奖励陈宝箴，斥责刘、谭二人，但新政在绝大多数省份仍然不能推行。因此，光绪皇帝关于变法的许多诏谕，大都成了一纸空文。而慈禧太后集团从新政一开始，就加紧布置，准备反扑。

太后政变

"明定国是"诏书颁布后四天，四月二十七日（6月15日），慈禧太后迫使光绪皇帝下令免去翁同龢的军机大臣等一切职务，驱逐回籍。到八月初六（9月21日）凌晨，慈禧太后经过周密布置，发动政变，先将光绪皇帝囚禁在中南海的瀛台，重新"训政"，继而大肆搜捕维新派。十三日，谭嗣同、杨锐、林旭、刘光第、康广仁、杨深秀六人被杀于菜市口，时人称为"六君子"。慈禧发动政变之后，除京师大学堂被保留下来以外，其余各种新政措施全被取消。"戊戌变法"坚持103天后，宣告失败。

维新运动的失败，客观上是由于

京师大学堂门额
京师大学堂是戊戌变法"新政"硕果，1912年改称北京大学。作为戊戌变法的"新政"之一，学校创办于清光绪二十四年五月十五日（1898年7月3日），是中国近代第一所国立大学，其成立标志着中国近代国立高等教育的开端。京师大学堂是当时国家最高学府，最初也是国家最高教育行政机关，行使教育部职能，统管全国教育。

以慈禧太后为首的顽固守旧势力处于绝对优势地位，他们对变法竭力阻挠破坏并最终采取了武力镇压，主观上在于中国资产阶级维新派自身的软弱性和局限性，维新派不敢同封建制度彻底决裂，把希望全部寄托在没有实权的皇帝身上，没有取得群众的支持。

维新运动虽然失败了，但它在中国近代史上依然具有重要的历史意义。维新运动是一场救亡图存的爱国运动，维新派提出了挽救民族危亡和发展民族资本主义的主张，体现着强烈的爱国主义精神，把民族救亡意识提高到了新的水平。

维新运动又是一场资产阶级性质的政治改良运动，维新派主张以君主立宪制取代君主专制制度，在一定程度上冲击了封建制度，发展了资本主义。

维新运动也是一场思想启蒙运动，掀起了近代中国第一次思想解放的潮流，使中国社会思想文化结构发生了前所未有的变化。

1898年—1908年

懿旨，醇亲王载沣之子溥仪在宫中教养，复命载沣监国为摄政王。癸酉，上疾大渐，崩于瀛台涵元殿，年三十有八。

——《清史稿》

无枷之囚禁瀛台

光绪帝一生处于慈禧太后压制之下，虽有强国兴邦的想法却无从实施。戊戌变法失败后，他被太后幽禁瀛台成为无枷之囚，庚子国变时又被迫离京。有志难伸的精神压力和禁足孤岛的肉体折磨，最终导致光绪帝盛年早逝，死因成谜。

时间
1898年—1908年

背景
光绪帝推行戊戌维新，与慈禧太后为首的当权保守派矛盾激化

囚禁地点
中南海瀛台

期间大事
禅位溥儁（jùn）未成、庚子国变、逼死珍妃、皇室避祸西巡

导致后果
清朝廷统治摇摇欲坠，步入没落

戊戌政变后，慈禧太后对光绪帝在戊戌维新期间的表现甚为恚怒。碍于舆论压力，她无法直接废黜光绪帝，只能以光绪帝名义发出上谕，称皇帝病重，且"调至日久，尚无大效"。上谕一出，顿时人心惶惶。执政重臣和外国使节对光绪帝的病况均心存疑虑，纷纷提请探望光绪帝，却被慈禧以"病重不宜见人"的模糊理由挡回。

为表达不满，英国公然将战舰停在大沽口，派遣驻华公使窦纳乐向慈禧提议找一位外国医生为光绪看病。无奈之下，慈禧太后只好将法国使馆医生德斯福请到宫中，德斯福为光绪帝诊断之后，得出"病势无大碍，唯患血虚之症"的结论。慈禧只好将光绪帝软禁在瀛台涵元殿。瀛台位于中南海的南海中，仅有一座木桥与陆地相连。除上

光绪帝
为清穆宗同治帝堂弟和表弟，自甲午战败后，德宗锐意变法革新，"不做亡国之君"，因此与慈禧太后为首的当权保守派矛盾激化，清光绪三十四年（1908年）秋，慈禧病危，光绪帝比慈禧早一日驾崩，是年38岁。

珍妃

珍妃（1876年—1900年），谥恪顺皇贵妃，他他拉氏，满洲镶红旗人。清朝光绪帝的嫔妃，善解人意，能歌善舞，工翰墨擅弈棋，精通琴棋书画，最为受宠，后因获罪于慈禧太后而被投井杀害。

朝处理政务外，慈禧太后严令光绪帝不许走出瀛台范围。

废帝之事未成，慈禧太后又又以光绪帝没有子嗣为由，公然违背康熙皇帝"永不建储"的圣谕，将端郡王载漪之子溥儁封为"大阿哥"（即皇位继承人），定于光绪二十六年（1900年）举行禅位仪式，年号"保定"。由于朝廷内外及各国反对声浪巨大，禅位之举中止。同年六月，八国联军攻入北京，慈禧携带光绪帝离京出逃。载漪因与义和团联系密切获罪，溥儁亦归于宗室，禅让闹剧至此终止。

庚子国变时，光绪帝不同意慈禧太后一走了之的决定，想要亲赴大使馆与外国军队理论。

他认为"彼军法文明，朕往必无害，且可议款"。慈禧太后怒杀奉劝光绪帝留京的珍妃，强行挟光绪帝出发，以"西巡"名义出京避祸。

西巡路上，光绪帝多次表露了回京谈判的意愿，慈禧太后均置若罔闻。英国、德国、美国、日本公然支持光绪帝执政，呼吁慈禧太后归权于皇帝，但俄国、法国及南方的督抚大臣却主张维持现状。最终，归政光绪的呼声停止，光绪帝依然居于瀛台。

自此，光绪帝的健康每况愈下。据留存脉案记载，光绪帝经常出现"身体懒倦、腰间坠痛、心神迷惑"等症状，最终于光绪三十四年（1908年）驾崩，终年38岁。次日，慈禧太后薨。

慈禧太后幽禁光绪帝的瀛台

1900年

五月，各国联军蹑杨村而西，偕汉中镇总兵姚旺等赴黄村御之。抵廊坊，两军相接，乃令骑兵下设七覆，步兵张两翼，敌近始发枪，倒者如仆墙。

——《清史稿》

义和团廊坊大捷

光绪二十六年（1900年），帝国主义国家组织八国联军，借帮助清政府剿除义和团之名，企图趁机瓜分中国。联军从天津乘火车向北京进犯，途中在廊坊遇到义和团的阻击，联军进攻北京的计划被打破。

时间
1900年

地点
廊坊

主要参战方
义和团民
八国联军

双方主要指挥官
义和团：倪赞清
联军：西摩尔

结果
侵略军死伤近300人，义和团也付出数以千计的牺牲

吕祖堂
位于中国天津市红桥区如意庵大街何家胡同18号，光绪二十六年（1900年）庚子事变中成为义和团总坛口。重要首领张德成、刘十九，红灯照黄莲圣母林黑儿等曾多次在此"拜坛"共商大计，抗击八国联军。

义和团是在义和拳的基础上发展起来的。义和拳是山东、直隶、河南、江苏一带的民间秘密结社，其中有的原属白莲教系统的八卦教支派，有的原属大刀会、红拳会、梅花拳等民间武术团体，这些不同源流的组织，经过长期的发展，互相渗透的汇合、演变而形成义和拳。

义和团不是由一个秘密结社或秘密教门单独发展起来的，而是以义和拳为主，在群众性的反教会斗争中逐渐发展壮大的反帝组织，是各种社会力量

"同心合和"反对外国侵略势力的结果。随着反帝斗争日趋高涨,义和团的群众基础也迅速扩大。义和拳最早在山东冠县一带展开斗争,随后在直隶迅速发展。义和团兴起后,各地曾相继提出"顺清灭洋""保清灭洋""助清灭洋"等口号。

为了镇压义和团的反帝运动,帝国主义国家开始着手准备联合发动对中国的侵略战争。清光绪二十六年三月初七(1900年4月6日),美、英、法、德四国公使联合照会清政府,限"两月以内,悉将义和团匪一律剿除,否则将派水陆各军驰入山东、直隶两省,代为剿平",外国舰队也陆续向大沽口外集结。

五月初一(5月28日),各国驻华公使开会一致决定联合出兵。月底各国侵略军约400多人,以保护使馆为名,由天津乘火车陆续到北京,进驻各使馆。十四日,俄、英、美、日、德、法、意、奥等八国在天津拼凑2000多人侵略军,在英国驻华舰队司令官海军中将西摩尔率领下,乘火车由天津向北京进犯。

十四日上午,落垡一带义和团团总倪赞清接到天津义和团传来的揭帖:"火速调团拦截"。倪赞清立即传帖聚众,拆毁铁路,阻击侵略军,砍伐电线杆,切断京津间的电信联络。侵略军边修路边前进,当日傍晚才到达落垡。

十六日到达廊坊,便再难前进了。义和团对抢修铁路的联军和留守落

时局全图
民国谢赞泰所绘,描绘了19世纪末西方列强势力侵占中国地区的概况。谢赞泰(1872年—1938年),生于澳大利亚悉尼,祖籍广东开平。他针对列强瓜分中国,绘"时局全图",被视为中国政治漫画的先驱。

垡的英军发起攻击,两天后双方在廊坊展开血战。二十二日董福祥的甘军一部从北京赶来,和义和团一起猛攻侵略军。西摩尔退往杨村,打算改由运河乘船向北京进犯。当晚又遭到聂士成的武卫前军和义和团的围攻。西摩尔哀叹"进京之路,水陆俱穷"。

二十三日西摩尔率残部回天津,且战且退,二十六日才到天津西沽。至二十九日,有俄英军来救援才回到天津租界。廊坊此役历时半个多月,侵略军死伤近300人,义和团也付出数以千计的牺牲,暂时击退了西摩尔联军向北京的进犯,打击了侵略军的嚣张气焰。

1900年

"联军占领北京之后,曾特许军队公开抢劫三日。""所有中国此次所受毁损及抢劫之损失,其详数将永远不能查出,但为数必极重大无疑。"

——八国联军统帅瓦德西

八国联军进北京

随着义和团运动的发展,帝国主义列强加紧胁迫清政府予以镇压,并趁机入侵到清王朝统治的中心——北京。在北京,八国联军进行了残酷屠杀和野蛮洗劫,充分暴露了列强的侵略本质。

时间
1900年

地点
北京

主要侵略国
美、英、法、德、日、俄、意、奥

交战双方
八国联军
清军和义和团

结果
北京失陷

影响
《辛丑条约》签订,中国完全沦为半殖民地半封建社会
北京遭到了前所未有的抢劫,经过这次洗劫,中国自元明以来之积蓄,上自典章文物,下至国宝奇珍,扫地遂尽

联军出兵议成

随着义和团运动在直隶和京津地区的迅猛发展,帝国主义加紧胁迫清政府予以镇压。光绪二十六年(1900年)三月初,美、英、法、德四国公使联合照会清政府,限"两月以内,悉将义和团匪一律剿除,否则将派水陆各军驰入山东、直隶两省,代为剿平",十三日,俄、英、美、法等国舰队聚集大沽口,再次照会清政府,"若于两月以内不能镇抚,则各国联合以兵力伐之"。

四月间,义和团在京、津一带迅猛发展,以载漪为首的顽固排外势力在清政府内部占据上风。各

日军和英属印度陆军士兵同部分清军及部分义和团在天津作战

国公使眼看清政府已经无法控制形势，便策划直接出兵干涉，并在五月初一（5月28日）各国驻华公使会议上正式议定联合出兵镇压义和团。

义和团运动时期列强的军队

分别为意大利、美国、法国、奥匈帝国、日本、英国、德国和俄国士兵。

意大利步兵骑马像

由于过分乐观估计了中国的天气，认为应该如同非洲一般炎热，意大利士兵来中国时只穿着布制制服，头戴着沉重的橡帽。

八国联军进京

五月初四到初六（5月30日—6月2日），各国侵略军400多人，以保护使馆为名，陆续由天津乘火车开到北京，进驻东交民巷。

初十前后，驻华公使们议定的联合侵华政策相继得到各自政府的批准。十四日，俄、英、美、日、德、法、意、奥

等八国拼凑2000多人,在英国海军中将西摩尔率领下,乘火车由天津向北京进犯。义和团和清军沿途拆除铁轨,在杨村、廊坊等地不断进行拦截,杀伤敌军多人。西摩尔率部至二十六日退到天津西沽。

二十七日,联军8000人由大沽开到紫竹林租界。六月初二(6月28日),张德成率义和团约5000人来到天津。随后直隶总督裕禄转变态度,与张德成等合作部署作战方案,分两路进攻老龙头车站和紫竹林租界。但随着联军

美军攻陷北京的城池
光绪二十六年七月二十日(1900年8月14日)凌晨,联军英、美、法、俄、日五国来到北京城外,发起总攻击。俄军攻东直门,日军攻朝阳门,美军攻东便门。美军使用云梯,让第九步兵队带着星条旗爬上城墙,成为最先攻入外城的部队。

不断集结兵力强攻,六月十八日(7月14日)天津被攻陷。

七月初十日(8月4日),八国联军两万余人,以俄军与法军为右路,以日军、英军和美军为左路,从天津沿运河两岸向北京进犯。

侵略军在进犯北京途中,虽然遇到义和团和部分清军的顽强抵抗,但在京津之间的绝大部分清军,是一些懦弱

西摩尔

西摩尔(1840年—1929年),英国海军中将。义和团运动爆发时,西摩尔率领八国联军2000人,进犯北京,在廊坊、杨村受到清军阻击,被迫撤回天津。然后,组织联军固守租界,攻打天津。天津陷落后,德国元帅瓦德西来华成为联军主帅,西摩尔于第二年8月,卸任回国。

的将军统帅的腐朽军队,在敌人的进攻面前一触即溃。

北京沦陷

七月十一日(8月5日),联军攻占北仓。十二日,进犯杨村,清军溃退,杨村落入敌手,裕禄自杀。面对联军的进攻,惊慌失措的慈禧太后很快转战为和,任命李鸿章为全权议和代表,令他兼程北上,向侵略者乞降,并禁止京郊义和团继续进攻。又把京城内外一

义和团和联军在北京激战图

带光绪逃往西安的慈禧太后

八国联军攻占北京后，慈禧太后带着光绪帝和亲贵大臣仓皇离京，临离京前让人把光绪最喜欢的珍妃投井溺毙。慈禧太后等人先逃至怀来县，又辗转逃亡至大同、太原，最后来到西安。在西安，太后以皇帝名义下罪己诏，召庆亲王奕劻和两广总督李鸿章与联军议和，并于翌年签订《辛丑条约》。此图由美国凯瑟琳·卡尔绘，现藏于美国弗利尔美术馆。

部分义和团调往前线，让团民和侵略军互相削弱。

十五日，侵略军进攻河西务，临时授命御敌的帮办武卫军事务大臣李秉衡督军迎敌，这些临时应命之师不听调度，很快就不战自溃。李秉衡被侵略军追至通州张家湾，自杀而死。

十八日，联军占领张家湾和通州，十九日直抵北京城下。二十日，北京失陷。侵略军除在东便门和朝阳门遭到守卫的甘军和团民的顽强阻击外，其他守军大都很快溃逃。二十一日，慈禧太后带着光绪皇帝和部分王公大臣仓皇出逃，从北京城西北，经昌平、居庸关、太原逃亡至西安。

八国联军进入北京后，进行了骇人听闻的抢劫和屠杀。据联军统帅瓦德西的供认："联军占领北京之后，曾特许军队公开抢劫三日。"日军从户部抢走银子300万两，法国主教樊国良从户部尚书立山家一次就抢走价值百万两银子的财物。北京天文台的珍贵仪器都被抢走，翰林院藏的孤本《永乐大典》损失殆尽。

经过这次洗劫，中国自元明以来的积蓄，上自典章文物，下至国宝奇珍，扫地遂尽。随后，八国联军向清政府提出《议和大纲》，迫使清政府全盘接受，并于光绪二十七年（1901年）签订了《辛丑条约》，从此清政府完全成为"洋人的朝廷"。中国的主权进一步丧失，完全沦为半殖民地半封建社会。

八国联军士兵合影

从左到右士兵属于：英国、美国、英属澳大利亚、英属印度、德国、法国、奥匈帝国、意大利、日本。八国联军军队最早是3万人，后来增至约5万人。最终清廷与包含派兵八国在内的十一国签订《辛丑条约》后，除少部分驻军京津地区，大部分撤军，联军解散。

> ### 1903年

我中国今日欲脱满洲人之羁缚，不可不革命。我中国欲独立，不可不革命。我中国欲与世界列强并雄，不可不革命。我中国欲长存于二十世纪新世界上，不可不革命。我中国欲为地球上名国，地球上主人翁，不可不革命。

——《革命军》

晚清第一文字狱"苏报案"

为遏制革命潮流的发展，清政府勾结帝国主义制造了震动一时的晚清第一文字狱"苏报案"。

时间
1903年

地点
上海

背景
《苏报》原是一家日侨性质报纸，后旗帜鲜明地宣传革命

案件起因
邹容的《革命军》和章太炎的《驳康有为论革命书》

入狱代表人物
邹容、章太炎

结果
《苏报》被封，章太炎被监禁三年，邹容被监禁两年后病逝狱中

邹容
邹容（1885年—1905年），原名绍陶，又名桂文，字蔚丹，生于四川省巴县（今重庆市），曾经在留学日本时改名邹容。他是中国近代著名革命宣传家，《革命军》一书的作者。清光绪二十九年（1903年），章太炎因"苏报案"被捕，邹容激于义愤而慷慨入狱，两年后死于狱中。

《辛丑条约》签订后，清政府腐朽卖国的真面目渐为时人所认识。清光绪二十七年（1901年）以后，资产阶级民主革命思想广泛传播，形成了一股强大的潮流。

在传播民主革命思想的过程中，涌现了一批著名的宣传家和思想家，邹容、章太炎等人即是其中的代表人物。光绪二十九年（1903年），邹容出版了名著《革命军》，在书中尖锐揭露了清政府对内残酷压迫中国人民，对外无耻出卖国家主权的种种罪恶，并以高昂的激情论证了推翻清廷、实行革命的正义性和必然性。《革命军》是当时表述资产阶级民主革命的原则和理想最为完整和鲜明的著作，一经出版，即广泛传播。

同年，章太炎在上海《苏报》发表《驳康有为论革命书》一文，针对康有为散布的"中国只可行立宪，不可行革命"的谬论，进

《革命军》封面
邹容著，内容以西方资产阶级革命理论为主要武器，从正面阐述革命的正义性和必要性，宣传革命排满和民主共和，被誉为中国近代《人权宣言》。

行有力批驳，指出要改变专制政体，流血牺牲是不可避免的，革命和立宪都是如此。章太炎的这篇文章是当时革命派从思想上、理论上正面批判立宪派极具战斗性的重要著作，有力打击了保皇党的气焰，对推进革命宣传起了良好作用。

清政府对民主革命思想的日益传播大为惊恐。四月，《苏报》刊登了章太炎的《驳康有为论革命书》一文，随后五月刊载了《读〈革命军〉》，赞扬邹容的《革命军》是全国四万万人必读的教科书，还发表章太炎写的《序〈革命军〉》和其他一些鼓吹革命、反对清朝统治的文章，这在社会上引起很大反响，也使内外反动派震怒和不安。

闰五月月初，清政府勾结上海租界工部局查封了《苏报》，派巡捕抓捕章太炎等人，后邹容激于义愤，主动投案入狱。这就是震动一时的"苏报案"。案件发生后，清政府要求工部局将章、邹等引渡，解送南京审讯，借兴大狱以镇压革命运动。帝国主义担心这会影响他们在租界内的特权，拒绝引渡。最后由租界会审公廨判决，章太炎监禁三年，邹容监禁两年。

光绪三十一年（1905年），邹容病逝于狱中，为革命献出了年轻的生命。

清政府勾结帝国主义制造"苏报案"，不但未能制止革命思想的传播，反而激起了人民群众更大的愤怒，进一步促进了爱国志士的觉醒。"苏报案"发生后，革命分子将《革命军》和《驳康有为论革命书》收集在一起，题名《章邹合刊》，各地交相翻印，进一步扩大了革命思想的影响。

《驳康有为论革命书》
章太炎著，这是一篇脍炙人口、传颂不衰的反清革命檄文。在这篇气势磅礴、笔锋犀利的长文中，章太炎站在鲜明的民主主义立场上，逐条驳斥了康有为的改良谬说。它是光绪二十九年（1903年）以前革命思想发展的理论总结，对以后资产阶级革命运动的发展起到了很大的理论影响作用。

> **清末**
>
> 黄遵宪,字公度,嘉应州人。以举人入赀为道员。充使日参赞,著日本国志上之朝。旋移旧金山总领事。
>
> ——《清史稿》

我手写我口

清末,资产阶级维新派在文学领域倡导诗歌改革运动,掀起"诗界革命"的潮流。黄遵宪是其中最闪亮的一面旗帜。

主角
黄遵宪

职业
外交官、诗人

特长
工诗

艺术特色
以新事物熔铸入诗,写实又充满了前瞻追求的浪漫豪情

地位
诗界革新导师,诗作在近代中国有"史诗"之称

影响
拉开了"诗界革命"的序幕

黄遵宪
黄遵宪(1848年—1905年),字公度,别号人境庐主人,广东嘉应州客家人。晚清诗人,外交家、政治家、教育家。历任清朝驻日本、英国参赞,驻美国、新加坡总领事。戊戌变法失败后,被清政府列为"从严惩办"的维新乱党,受外国驻华公使等干预,清政府允许黄遵宪辞职还乡。

黄遵宪(1848年—1905年),字公度,号人境庐主人,广东嘉应州(今梅州)人,当过20多年的外交官,是戊戌维新运动的积极参加者。在诗歌创作方面,他坚决反对拘守六经,模拟古人的宋诗派和同光体。他在自己的诗中批评道:"俗儒好尊古,日日故纸研;六经字所无,不敢入诗篇;古人弃糟粕,见之口流涎。沿习甘剽盗,妄造丛罪愆。"

在批判旧诗传统的基础上,黄遵宪提出"我手写我口"的诗歌创作原则,强调写诗要能表达自己的真情实感,反映现实生活,并以自己诗歌创作的实践,成为近代"诗界革命"的先驱者。

在清光绪二十二年至二十三年(1896年—1897年)间,黄遵宪与谭嗣同、夏曾佑、康有为、梁启超、丘逢甲等人掀起了"诗界革命"的潮流,其中黄遵宪是"诗界革命"的一面旗帜。梁启超在《饮冰室诗话》中曾评

台湾行

一轮红日当空高,
千家白旗随风飘。
缙绅耆老相招邀,
夹跪路旁俯折腰。
红缨竹冠盘锦绦,
青丝辫发垂云髾。
跪捧银盘茶与糕,
绿沈之瓜紫蒲桃。
将军远来无乃劳?
降民敬为将军犒。
将军曰来呼汝曹,
汝我黄种原同胞。

——清·黄遵宪

论说:"近世诗人能熔铸新思想以入旧风格者,当推黄公度。"

黄遵宪主张诗人只有走出书斋,了解生活,才能写出好的作品。他在《感怀》中写道:"儒生不出门,勿论当世事。识时贵知今,通情贵阅世。"

黄遵宪将自己的思想主张表达于诗歌创作中,把自己的诗称为"新诗派"。他的诗作题材广泛,内容丰富,涉及政治风云、民族战争、异乡情趣、声光化电等多个领域,用艺术手段生动地展现了中国近代社会的历史变迁。

他的许多诗篇真实地反映了中国人民遭受西方列强欺凌的悲惨命运,表达了作者的民族义愤。他写的《逐客篇》揭露了美国掠夺华工、虐待华侨的罪行,《冯将军歌》赞扬了爱国将领冯子材率部英勇抗击法国侵略军的英雄事迹,《台湾行》则以十分沉痛的心情描写了台湾地区人民暂时失去祖国的痛苦,热烈地歌颂了他们高昂的爱国热情。

黄遵宪还擅长写长诗,《美国留学生感赋》《纪事》等诗均是千言长篇,弥补了中国诗作缺乏长篇的不足。他的诗作在近代中国有"史诗"之称,在文学史上占有重要地位,对当时的诗歌创作产生了很大影响。

此后,资产阶级革命派的诗人们继承了这些成果,继续借诗歌反映现实,使之成为宣传共和革命的有力工具。

人境庐

位于广东梅州东郊周溪畔,是清末爱国诗人黄遵宪的故居,取自东晋陶渊明"结庐在人境,而无车马喧"的名句。人境庐占地面积500平方米,是一座砖木结构园林式的书斋建筑,里面有会客厅、书房、卧室、藏书室、无壁楼、五步楼、十步阁、息亭、花坛、假山等。

清末

之洞耻言和，则阴自图强，设广东水陆师学堂，创枪炮厂，开矿务局。疏请大治水师，岁提专款购兵舰。复立广雅书院。武备文事并举。

——《清史稿》

中枢重臣张之洞

晚清重臣张之洞原为清流派健将，以批评朝政著称，清光绪七年（1881年）外放山西巡抚，自此思想开始发生变化，筹划洋务，逐步成为后期洋务运动的代表人物，在推动新政、提倡教育改革方面做出了重要贡献。

主角
张之洞

主要活动时间
1879年—1908年

地位
中枢重臣

主要成就
创办汉阳铁厂、大冶铁矿、湖北枪炮厂等，督办芦汉铁路，创办自强学堂等

主要作品
《劝学篇》、《张文襄公全集》

地位
清末著名的政治家、军事家、洋务派代表人物

张之洞（1837—1909年），字孝达，号香涛，直隶南皮人，同治二年进士，授翰林院编修。中法战争爆发后，张之洞因力主抗击法军，由山西巡抚调任两广总督，负责供应台湾和滇桂前线的饷械。当时沪津两地各局所产军火供应不足，他只得向上海外国洋行及美德等国采购。洋商乘机抬价，使他深感为难。他认为向外国购买军火，吃亏受制，决心自己制造。

中法战争后，他上奏清廷，提出"储人才""制器械""开地利"等项主张，强调"自强之本，以权操在我为先，以取用不穷为贵"，此时，张之洞已由早年"清流派"重要代表人物转化为洋务派，并且成为洋务运动后期的重要首领之一。

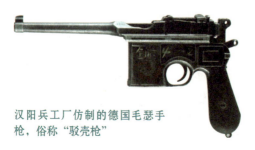

汉阳兵工厂仿制的德国毛瑟手枪，俗称"驳壳枪"

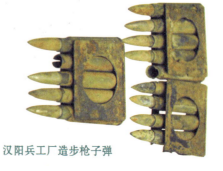

汉阳兵工厂造步枪子弹

中法战争后，张之洞开始大办洋务，主持了芦汉铁路建设、筹建了汉阳铁厂、湖北枪炮厂、湖北织布局等。光绪十五年（1889年）张之洞上奏朝廷，建议修筑芦汉铁路，指出芦汉铁路是"干路之枢纽，枝路之始基，而中国大利之萃也"。后张之洞又调任湖广总督，在此期间，他将原定在广州创办的枪炮厂连同筹建中的钢铁厂移至湖北，厂址选在汉阳，甲午战争以后试造枪炮。

湖北枪炮厂在当时的军事企业中规模庞大，设备最新，但建厂工程进展缓慢。因为张之洞将该厂经费很大一部分用于建造汉阳铁厂。从光绪十八年到二十一年（1892年—1895年），汉阳铁厂挪用枪炮厂经费达130余万两，致使枪炮厂的生产大受影响。

汉阳铁厂又称湖北铁政局，是洋务运动时期洋务派建立的规模最大的近代化民用重工业，兼营采矿和炼铁炼钢，是一个综合性的大型钢铁联合企业，当时在亚洲也算是首创的最大钢铁厂。

此外，张之洞还注重发展教育，培养人才，创办了自强学堂、湖北农务学堂、湖北工艺学堂、湖北武昌蒙养院、广雅书院等。他也注意训练军队，在两江总督任职期间，曾编练过自强军，军官全部用德国人担任，采用西法操练。

甲午战争失败后，张之洞主张变法图治，曾捐助康有为组织的强学会5000两，维新派在上海创办《时务报》时，张之洞也捐款千元予以支持。张之洞撰写《劝学篇》，提出"旧学为体，新学为用"的原则，是洋务运动基本经验的经典表述。

光绪二十六年（1900年）义和团运动爆发后，从维护清王朝统治利益出发，张之洞主张坚决镇压，与英帝国签订了"东南互保"章程，并剿灭了自立军。宣统元年（1909年），他在"国运尽矣"的哀叹声中去世。

张之洞朝服像
张之洞（1837年—1909年），字孝达，号香涛、香岩，又号壹公、无竞居士，晚自号抱冰。直隶南皮（今河北南皮）人。晚清重臣，洋务派的主要代表人物，大力倡导"中学为体，西学为用"。注重教育和治安，主导了中国近代的警察制度，对清末教育和社会发展有很大的影响。还曾创办汉阳铁厂、大冶铁矿、湖北枪炮厂等。

湖北汉阳兵工厂股票

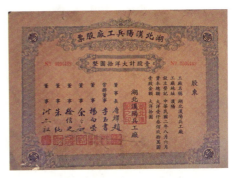

清末

三十一年，修撰张謇醵银五十万，设大达轮步公司于上海。

——《清史稿》

"状元实业家"张謇

荣登甲午科状元，又为清流派的代表人物之一，却放弃在仕途上的发展，创办实业，发展教育，对中国近代工业以及教育的发展产生了重要影响，这个人即是张謇。

人物
张謇

职业
实业家、政治家、教育家

主张
实业救国

主要成就
发展了中国近代教育事业；
发展了中国近代民族工业；
将南通打造成中国近代第一城

张謇（1853年—1926年），字季直，号啬庵，江苏通州（今南通）人。生于一个富农兼小商人家庭，幼时就读于乡间私塾，16岁考取秀才，慈禧太后六十寿辰设恩科会试，考中状元，授翰林院修撰。后因目睹列强入侵，国事日非，毅然弃官，走上实业教育救国之路。

张謇最初创办工业的兴趣要追溯到清光绪二十一年（1895年），当时他正在家居父丧，署理两江总督张之洞奏派张謇举办当地团练，于是他开始在地方事务中充当首领。第二年，张之洞奏派张謇、陆润庠分别在通州、苏州等地设立棉纺厂。

经过艰苦准备，张謇负责的大生纱厂建成投产，并逐渐发展壮大。大生纱厂不仅在筹建期间曾借用公款，依靠官兵保护厂房，而且开厂以后

张謇
张謇（1853年—1926年），字季直，号啬庵，江苏通州人，清末状元。中国近代实业家、政治家、教育家，主张"实业救国"。他是晚清时期立宪运动的领袖，创办了中国最早的民族轻工业，还创办了中国近代的第一所师范学校南通师范学校、中国第一家民办博物馆南通博物苑、中国第一家气象台军山气象台和高等学校南通大学。

还依仗清政府的扶植，取得了"二十年中，百里之内，不准别家设立纱厂"的垄断权，因此获利颇丰。

为了给大生纱厂提供廉价原料，从光绪二十七年（1901年）开始张謇着手创办通海垦牧公司。到光绪三十年（1904年），该厂增加资本63万两，纱锭2万余枚。三十三年（1907年），张謇又在崇明久隆镇（今属启东市）创办大生二厂，这些成为张謇进一步创办各种企业的本钱。

随着资本的不断积累，张謇又先后创办了广生油厂、复新面粉厂、资生铁冶厂等，逐渐形成唐闸镇工业区。同时，为了便于器材、机器和货物的运输，他在唐闸西面沿江兴建了天生港，以后又兴建了发电厂，在城镇之间开通了公路，使天生港逐步成为当时南通的主要长江港口。19世纪末近代纺织工业的出现，使南通成为中国早期的民族资本主义工业基地之一。

发展民族工业需要科学技术，这又促使张謇去努力兴办学堂，并首先致力于师范教育。光绪二十八年（1902年），张謇从办通州纱厂五年以来应得未支的公费连本带息2万元，另加劝集资助基金，在南通开工建设南通师范学校，第二年正式开学，这是中国第一所师范学校，它的建立标志着中国师范教育专设机关的开端。以后又创办了通州女子师范学校。

张謇还比较重视社会教育，光绪三十一年（1905年）他在通州建立了国内第一所博物馆——南通博物苑。此外还陆续创办了图书馆、盲哑学校、更俗剧场、伶工学社等，这些在当时都是开风气之先的新事物。

张謇一生创办了20多个企业、多所学校，为中国近代民族工业的兴起、教育事业的发展做出了突出贡献，被称为"状元实业家"。他创办的企业、学校等事业对后世有很大影响，不仅促进了南通地区的近代化发展，也影响了全国。

张謇书法

▶ 1904年—1909年

唯京张铁路，以京奉余利举办，詹天佑躬亲其役，丝毫不假外人，允为中国自办之路。

——《清史稿》

詹天佑和京张铁路

在20世纪初的铁路建设高潮中，连接北京和张家口的京张铁路干线，是中国近代铁路史上驰名中外的第一条自建铁路，该路从勘探、设计到施工，完全由中国人自己承担。京张铁路的建成，与京张铁路的总工程师——詹天佑是分不开的。

主角
詹天佑

职业
中国铁路工程师

主要成就
修建京张铁路

修建时间
1904年—1909年

意义
京张铁路是近代中国第一条自建的铁路干线；创设"竖井开凿法"和"人"字形线路，震惊中外

荣誉
中国铁路之父、中国近代工程之父

留美小幼童

詹天佑（1861年—1919年），字眷诚，号达朝，广东南海人。清同治十一年（1872年），由容闳倡议，在曾国藩、李鸿章的支持下，清政府决定派出学生赴美留学，年仅12岁的詹天佑考进了幼童出洋预备班。

在美国上完小学、中学后，詹天佑以优异的成绩进入耶鲁大学攻读土木工程，铁路专业。光绪七年（1881年）詹天佑从耶鲁大学毕业回国。光绪十六年（1890年），他担任关内段铁路工程师，在中国铁路建筑史上首次采用压气沉箱法维修滦河大桥，获得成功。光绪二十八年（1902年），他受命主持

詹天佑铜像

位于北京市延庆区八达岭青龙桥，詹天佑铜像底座上镌刻"詹公天佑之象"，上有詹天佑铜制立像一尊。铜像后面还有墓冢，由花岗石砌成，下为方形，上有一半球形，冢的前立面刻徐之谦手书的汉隶金字"詹天佑先生之墓"。冢后是一块花岗岩镶边的黑色大理石卧碑，上刻詹天佑生平。

修建京汉铁路新(城)易(县)支线,初次负起一段路工的全责。

光绪三十年(1904年),清政府决定修建从北京到张家口的铁路,公开宣布该路由国家筹款修筑。英俄两国为争夺此铁路修筑权相持不下。最后,清政府决定不用洋人,全由中国"官款自办",委派詹天佑为总工程师,主持该线的筑路工程。

京张铁路勘测

光绪三十一年(1905年)四月,京张铁路局在天津成立,同时又在北京成立工程局,任命陈昭常为总办,詹天佑为总工程师兼局务会办。第二年詹天佑接任总办。

詹天佑亲自带着测量人员,背着各种仪器,日夜在崎岖的山岭上奔波。

青龙桥站的"人"字形铁轨

青龙桥站位于北京延庆八达岭长城脚下,是京张铁路(现京包铁路)上的百年火车站。该段铁轨距离青龙桥站百米,是由詹天佑采用的"人"字形铁轨设计,在该站采用的"双机车牵引",解决了火车遇陡坡困难前行的问题。

詹天佑赴美留学具结书

具结书指对自己的行为愿意承担法律责任的表示,里面有类如"生死各安天命"的内容。在当时的社会环境中,官员们是不愿把自家子弟送去留美,民间更有关于西洋的种种不祥传说,因此凡是要出洋的都得由家长与政府签订具结书。

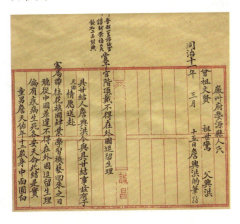

为了寻找一条理想路线，詹天佑不仅多方搜求资料，实地考察勘测，而且还亲自访问当地农民，征求意见。他白天翻山越岭，晚上还要伏在油灯下计算、绘图，撰写工程日记。历时40多天，往返行程千余里，于五月二十二日（6月24日）终于完成全线初测任务。

当时，对京张铁路勘测了三条比较线：一是由京奉铁路柳村车站起，经西直门到南口，沿关沟越岭，在八达岭过长城，出岔道城，再经康庄、怀来、沙城、宣化达张家口。这条线峰峦起伏，尤其是从南口到岔道城一带的关沟地段，要在悬崖绝壁上修筑一条陡险的铁路，穿过古称"天险"的长城要塞居庸关、八达岭。铁路通过八达岭，必须开凿一座很长的隧道，坡度极陡，工程浩大，而运输量又受到限制。

二是从张家口，经怀来县、延庆州、小张家口，沿着热河至北京的大路，经得胜口过山，再过明十三陵、黄土梁到北京。这条是由老乡所说可绕过关沟地带的线路，但路程绕远，坡度也很大，工程并不简单。

三是从北京西直门向西40里，绕石景山、经过三家店，沿永定河，从青石到沙城附近的猪河口出山，到张家口。这条线坡度较平缓，但永定河峡谷河道迂曲，山崖陡峭，工程比关沟段更艰巨，但通过能力较高，运输量大。

詹天佑结合当时实际情况，对这三条比较线反复论证、筛选，最后决定采用第一条比较线。

京门铁路（局部）
是詹天佑所修建的京张铁路（现京包铁路）的辅助铁路，由詹天佑在清光绪三十二年（1906年）主持建造。目的是为将门头沟站的煤炭运抵西直门，供京张铁路蒸汽机车燃料之用。单线行驶，迄今已逾百年。

修订方案确定

詹天佑对所选的比较线之后进一步复勘定线,经过缜密而慎重的研究,提出将京张铁路分三段兴修的方案:第一段由丰台至南口,长约60千米;第二段由南口至岔道城,长约33千米;第三段由岔道城至张家口,长约128千米。其中第二段因关沟阻隔,地形复杂,需要开凿大量隧道,工程最为艰巨。

旧时列车驶过1091米的京张铁路八达岭山洞图

在修筑京张铁路的过程中,詹天佑运用超群的定线知识和丰富的勘测经验,在青龙桥车站巧妙地设置了人字形展线,使八达岭隧道长度由1800米缩短至1091米,既解决了最困难的越岭问题,又减少工程量,降低了造价。

为保证在陡坡上行车安全,詹天佑设置了12条保险岔道,并引进了当时最先进的马莱(Mallet)复式活节蒸汽机车,以用机车的较大牵引力(4.2万吨)克服陡坡的坡道阻力,以解决在人字形线路上的行车问题。

在开挖隧道时,詹天佑还率先采用了直井开凿隧道技术。京张铁路有四座隧道,即八达岭、居庸关、石佛寺和五桂头。其中以八达岭隧道开凿最难,山势崎斜,石质坚硬,隧道长度长,詹天佑巧妙地从隧道中部开凿两个直径为10英尺、深为84英尺的直井,使隧道的开挖工作面从原来的2个增为6个,大大地缩短了施工期限,同时通过精密测量,随时校正隧道开凿方向和水平高低,保证了施工质量。

同时,詹天佑还注意就地取材,节约工程费用。如在桥梁工程中,他一面选用国外新型钢梁,一面又因地制宜,在山区尽量修建拱桥,既坚固耐用,又减少进口材料,以节约费用。

在京张铁路修筑中,詹天佑还厘定了标准,首定工程规范。他非常重视工程标准化,

二等宝光嘉禾章

民国北洋政府设置,詹天佑因为对于铁路的杰出贡献,民国三年(1914年)被授予二等宝光嘉禾章。

主持编制了京张铁路工程标准图，包括京张铁路的桥梁、涵洞、轨道、线路、山洞、机车库、水塔、房屋、客车、车辆限界等，共49项标准，是中国第一套铁路工程标准图。它的制定和实行，加强了京张铁路修筑中的工程管理，保证了工程质量，为修筑其他铁路提供了借鉴。

经过四年的艰苦奋斗，京张铁路在宣统元年八月十一日（1909年9月24日）全线通车。京张铁路原计划6年建成，花费纹银729.186万两，在詹天佑等人的努力下，只用了4年时间，支出仅为693.5086万两。

八月十九日（10月2日），盛大的京张铁路通车典礼在南口举行，与会的中外来宾纷纷向詹天佑祝贺，詹天佑谦逊地说："这是京张铁路一万多员工的力量，不是我个人的功劳，光荣是应该属于大家的。"

京张铁路的建成，完全打破了外国报刊的预言，对詹天佑，在华的外国工程技术人员都深以为敬，在一定程度上振奋了民族的自信心。清廷也予以特别褒奖，颁授詹天佑"工科进士第一名"的荣誉称号。同年十月，詹天佑被美国土木工程师学会(ASCE)吸收为会员，成为加入该会的第一位中国工程师。

京张铁路张家口车站

1905年

本会以"驱除鞑虏,恢复中华,创立民国,平均地权"为宗旨。

——《同盟会总章》

孙中山成立同盟会

随着民主革命思想的广泛传播和国内革命形势的迅速发展,迫切需要建立统一的革命政党。孙中山领导的同盟会即应时而诞生。

时间
1905年

宗旨
驱除鞑虏,恢复中华,创立民国,平均地权

纲领
三民主义

地点
日本东京

主要成员
中小资产阶级及知识分子

影响
同盟会成立后,成为领导全国革命运动的中心,使全国革命运动高涨

倡议建立政党

随着民主革命思想的广泛传播和革命团体的纷纷成立,为了推动革命形势进一步发展,实现资产阶级革命派大联合和最终建立全国统一的革命政党的任务被提上日程。孙中山为此进行了积极的活动。

清光绪三十一年(1905年)夏,孙中山从欧洲到达日本,受到中国留学生和各革命团体的热烈欢迎。当时,各革命团体分头活动,力量分散,已经不能适应革命的需要。孙中山有感于此,在各革命团体领导人中间做了许多工作。他宣传"互相联络"的重要,倡议成立一个全国规模的统一的革命组织,以便领导全国的革命运动。

六月二十八日(7月30日),孙中山、黄兴、宋教仁等革命团体负责人开会,讨论建立统一革命政党问题。孙中山提议将组织定名为"中国革命同盟

1900年的孙中山
孙中山(1866年—1925年),名文,字载之,号日新、逸仙,化名中山樵,广东中山市翠亨村人。清末民初医师、政治家、革命家,是中华民国开国元勋,中国国民党之创党人,"中华民国国父",三民主义的倡导者,创立了《五权宪法》。他首举彻底反帝反封建的旗帜,"起共和而终两千年封建帝制"。

天下为公

会"，经讨论，最后确定为"中国同盟会"。孙中山又提议以"驱除鞑虏，恢复中华，创立民国，平均地权"为同盟会宗旨，有人对"平均地权"提出异议，经孙中山详加解释后通过。与会者还各书誓约，进行宣誓，然后又推举了黄兴、陈天华、宋教仁等人负责起草同盟会章程。

组建同盟会

七月十三日（8月13日），东京中国留学生举行集会，孙中山在会上发表了激动人心的演说，号召更多的人加入同盟会中来。二十日，中国同盟会在东京举行成立大会，到会一百多人。会议通过了《中国同盟会章程》，选举了领导机构成员。孙中山被举为总理。

同盟会总部设在东京，总部按照三权分立原则，设执行、评议、司法三部。黄兴为执行部庶务，总理外出时由庶务代理一切，相当于协理。国内分东、西、南、北、中五个支部，支部下按省设立分会，推定了各省分会的主盟人。海外华侨则分南洋、欧洲、美洲、檀香山四个支部，支部下按国别、地区设立分会。这样，同盟会便制定了比较完备的领导机构和组织系统。

同年十月，同盟会机关刊物《民报》创刊，在发刊词中将"民族主义、民权主义、民生主义"即"三民主义"确定为同盟会的政纲。

同盟会成员

同盟会的主要成员是中小资产阶级及其知识分子。兴中会是同盟会的组

黄兴

黄兴（1874年—1916年），原名轸，改名兴，字克强，号庆午、竞武，湖南长沙人。近代民主革命家，中华民国的创建者之一，孙中山先生的第一知交。在日本结识孙中山后拥护其创建中国同盟会，成立后任执行部庶务，主要发展革命分子、组织武装起义。

孙中山先生与同盟会会员合影
前排左为孙中山侄子孙昌,中为孙中山,右为尤列。当时,尤列与孙中山、陈少白、杨鹤龄为友,抨击清政府政策,畅谈革命,被当时的清政府称为"四大寇"。

同盟会《民报》创刊号
清光绪三十一年（1905年）由同盟会在日本东京所创的大型政论实事机关刊物，以宣扬孙中山的三民主义思想为主。《民报发刊词》中首次提出三民主义的思想，每期六七万字，150页左右，3年后被日本政府勒令停刊时出版了24期。宣统二年（1910年）汪精卫又秘密印发两期，共出版26期。

织基础。同盟会成立后，香港、河内、檀香山等处兴中会会员都是全体转入同盟会的。

当时，兴中会会员总数约300多人，成分可考的有279人，其中78%以上侨居国外（219人），这279人的社会成分是：农业和商业资本家9人，中小商人124人，教员、职员、科技人员等31人，学生23人，官吏4人，工人54人，会党活动分子34人，即中小资产阶级及其知识分子占全体会员的67%。

同盟会成立后，知识分子的比重大大增加。据统计，1905年—1907年三年间加入的会员，出身可考的有379

同盟会成立后发动的起义

名称	时间	革命经过
萍浏醴起义	1906年12月初	会员刘道一回湖南联络会党，以龚春台为起义军都督，发布中华国民军起义檄文，以同盟会的政纲为号召，屡败清军。清政府调集湘、鄂、赣及江宁府数万军队镇压，刘道一等万余民众被捕死难
潮州黄冈起义	1907年5月	会员许雪秋等人起义于潮州黄冈，清潮州总兵黄金福带兵镇压，起义历六日而败
七女湖起义	1907年6月	会员邓子瑜起义于惠州七女湖，清水师提督李准急调兵镇压，持续十多天后因寡不敌众失败
钦廉防城起义	1907年9月	会员王和顺起义于钦州王光山，历时半月，最终失败
镇南关起义	1907年12月	会员黄明堂起义于镇南关，并亲临指挥，终因缺乏弹药被清军反攻而失败
钦州、廉州起义	1908年3月	会员黄兴由安南（今越南）率革命军进攻钦州，转战四十余日，先后击败清军一万人，后因弹药不继，宣布解散
河口起义	1908年4月	会员黄明堂起义于云南河口，与清军相持二十余日，在越南法国殖民当局的勒逼下被迫遣散
广州新军起义	1910年2月	会员倪映典发动新军起义于广州，失败后避居香港的成员组成了"支那暗杀团"
黄花岗起义	1911年4月	会员赵声、黄兴等人在广州领导起义，经过一昼夜激战，起义失败。收殓到的72具烈士遗骸，合葬于黄花岗

人，其中留学生和学生354人，官吏和有功名的知识分子10人，教员、医生8人，资本家、商人6人，贫农1人，即98%以上都是中小资产阶级及其知识分子。

同盟会不同于旧式会党，也不同于在它成立以前的各革命团体，它具备了近代资产阶级革命政党的规模。

同盟会的成立基本上结束了革命小团体分散斗争的局面，在全国人民面前提出了一个比较完备的资产阶级民主革命纲领，使资产阶级革命派有了一个全国性的统一的革命组织，使革命派有了一个公认的领袖。

同盟会成立后，成为领导全国革命运动的中心。它的成立标志着资产阶级领导的民主革命进入了新阶段，促进了革命高潮的到来。

中国同盟会入会证书

孙中山与新加坡同盟会会员合影
拍摄于清光绪三十二年（1906年），从光绪三十二年到宣统二年（1906年—1910年），孙中山先后7次来到新加坡，每次都居住在晚晴园，有时长达数月。孙中山在新加坡建立了同盟会新加坡分会，会址就设在晚晴园。此图中前排左数第四个即孙中山。

1905年—1908年

当是时,政潮激烈,有诏预备立宪,举朝竞言西法,无敢持异议者。

——《清史稿》

预备立宪的失败

五大臣出洋考察宪政,打开了清政府转为资本主义宪政国家的门户。但是,清廷以宪政粉饰独裁的欺骗行径,直接击碎了立宪派们对清政府的最后一点冀望,加速了清朝灭亡。

时间
1905年—1908年

出洋大臣
戴泽、端方、戴鸿慈、李盛铎、尚其亨

考察国家
美国、英国、法国、德国、丹麦、瑞典、挪威、奥匈帝国、俄罗斯帝国、荷兰、瑞士、意大利、日本13国

目的
考察宪政,欲把大清变成君主立宪政体

结果
废除军机处,发布内阁官制与任命总理、诸大臣,因成员名单中过半数为清宗室(皇族)与满人,被讥嘲为"皇族内阁",实行宪政失败

光绪三十一年(1905年),日俄战争以俄国失败告终。当时的中国舆论认为,俄国以大国败于日本,和其未实行宪政有着直接关系。一些督抚大员认为,中国应实行立宪制,以巩固清政府政权。同年,三位总督(袁世凯、周馥、张之洞)联名上奏,请求清政府实行宪政,在12年后立宪。一时间,朝野上下满是立宪之声。

九月,清朝廷采纳袁世凯等人的建议,派遣五名亲贵大臣去日本、欧美等地,考察立宪制是否适用于清朝政府。次年,戴泽等五人结束考察回到国内。在向清廷奏报考察结果时,他们认为,实行立宪制可以"皇位永固""外患渐轻""内乱可弭"。其时,随着五位大臣的归来,朝野之中立宪的呼声越发激

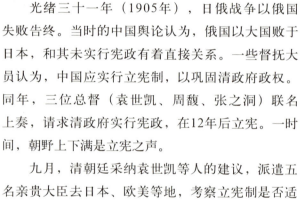

端方
端方(1861年—1911年),托忒克氏,字午桥,号匋斋,谥忠敏,满洲正白旗人。清末政治家、金石学家、收藏家。端方在外国考察时,见国外名都均设有官方公共藏书机构,民众教育普及,使他耳目一新。回国遂奏请设立公共藏书机构,成为中国创办图书馆、发展图书馆事业的促进派。

烈。为稳定时局，在慈禧太后再三考虑下，同意试行宪政。

光绪三十二年七月十三日（1906年9月1日），清廷宣布"预备仿行宪政"，即实行预备立宪。从"预备"二字中不难看出，清政府对实行宪政这一举措多有敷衍。清廷以"规制未备，民智未开"为由，宣布要先商议宪政实行的期限。这一期限的划定比较灵活，需要"视进步之神速，定期限之远近"。

预备立宪的宣布，让相当一部分爱国志士燃起改革强国的希望。十一月，"预备立宪公会"在上海成立。紧接着，湖北的"宪政筹备会"、湖南的"宪政公会"、广东的"自治会"等宪政团体纷纷成立。流亡海外的康有为也将保皇会改为"中华民国宪政会"。随后，梁启超在日本也成立了"政闻社"。国内外立宪团体声息相通，一致关注着清政府立宪进展。

让立宪派们始料不及的是，清政府的"预备立宪"仅仅是其实施中央集权统治的幌子。光绪三十三年（1907年），清政府任命张之洞和袁世凯为军机大臣。比起二人之前"湖广总督"和"直隶总督"的官职，"军机大臣"一职明升暗降，掠夺了二人的实权。

眼见清政府日益偏离"宪政"的

庆亲王内阁的成员

清末新政时，载沣任命庆亲王奕劻为内阁总理大臣，筹组新内阁。在公布的名单里，新内阁部院首长共有13名成员，其中满人8名、汉人4名、蒙古人1名，8名满人当中有6人为宗室、1人为觉罗，被当时的革命党及立宪派讽刺称为"皇族内阁"。

方向，立宪派们联名上书，要求清政府开国会商议国事。

光绪三十四年（1908年）七月，清政府颁布《钦定宪法大纲》，规定皇权依然高于一切，凌驾于包括司法、议院、军政等一切权力之上。

此后，立宪派们多次努力，督促清廷召开国会早日实行宪政。但是，清廷先是多次拖延召开国会日期，后又组成"皇族内阁"，越发显示出起先的"预备立宪"毫无诚意。

无奈之下，各省咨议局（模仿宪政国家建立的机关，类似于国会）联合会发表《宣告全国书》，承认立宪运动彻底失败。

1905年—1911年

朝廷措置川事颇张皇，已命端方，复起岑春煊；又寄谕滇督李经羲援川，李以不能离滇辞；旋又寄谕陕抚钱能训援川，钱以栈道不便行军辞；又谕粤督张鸣歧分兵援川，张以粤乱方棘辞。阁臣不明地势，不达军情，故疆臣多不受命。大局如此，深切杞忧。

——《澄斋日记》

保路运动

辛亥革命前夕，除革命党的活动之外，群众自发性的反抗斗争到处蜂起。抢米风潮、抗捐抗税斗争在各省普遍发生，与此同时，收回路权的斗争也蓬勃展开。

时间
1905年—1911年

地点
湖南、湖北、广东、四川等省

斗争焦点
粤汉、川汉和苏杭甬铁路

目的
收回路权，维护国家利益

影响
鼓舞了资产阶级革命党人的斗志，从而导致了辛亥革命的总爆发

收回粤汉路权

清末，帝国主义国家争相夺取清政府修筑铁路的权利，以扩大侵华权益。从清光绪二十九（1903年）起，各省人民反对帝国主义控制中国铁路、矿山的收回利权运动，逐渐在全国开展起来。尤其是光绪三十一年（1905年）后收回铁路利权的斗争尤为激烈。粤汉、川汉铁路和苏杭甬铁路是当时斗争的焦点。

粤汉铁路是光绪二十四年（1898年）由盛宣怀

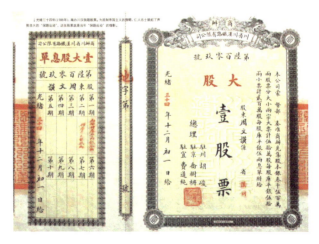

清光绪三十四年（1908年）商办川汉铁路股票
川汉铁路公司是国内成立较早的一家公司，先是官办，后改为商办，此股票就是其在商办时期发行的股票。

《四川保路同志会报告》
清宣统三年五月二十一日（1911年6月17日），成都各团体两千余人在铁路公司开会，成立"四川保路同志会"，推举四川省咨议局议长蒲殿俊、副议长罗纶为正副会长，提出了"破约保路"的宗旨，发布《保路同志会宣言书》等文告，出版《四川保路同志会报告》，四处张贴，宣传保路。并派会员分路讲演，举代表赴京请愿。

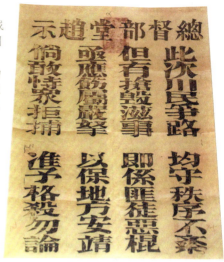

经手出卖给美国华美合兴公司的，经勘测后订立续约。规定借款总额为4000万美元，由美国人承筑，并不得转让给他国。后来，华美合兴公司股票在市场上被比利时商人买去了三分之二。

湖北、湖南、广东三省人民获悉这个消息，纷纷揭露美国违约的事实，坚决主张废除原订合同。留日学生组织了鄂、湘、粤三省铁路联合会，发动群众，力争收回路权自办。光绪三十一年（1905年）清政府从美国资本家手中收回了粤汉铁路路权，允许分段集资自办。

继成立，以确保利权为宗旨。

粤汉路权收回后，由湖北、湖南、广东三省绅商分段集股自办。光绪三十四（1908年），清政府突然任命张之洞为粤汉铁路督办大臣并兼管湖北境内的川汉铁路。第二年，张之洞和英、法、德三国银行团（后加上美国为四国银行团）议定湖广铁路借款。

保路运动高潮

粤汉路权的收回，开创了"赎路自办"的先例，对其他各省人民收回铁路利权的斗争起了推动和鼓舞作用。京汉、津镇、道清、沪杭甬等路通过省份的爱国人士都提出了收回路权、改归"商办"的要求。广东潮汕、湖南、江西等商办铁路公司相

湖南粤汉铁路总公司路股收单

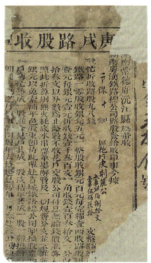

湖南绅商民众首先掀起"拒债""集股"的保路运动。留日学生出版《湘路警钟》，号召抵制。湖南咨议局初选议员800余人致函清政府，提出："铁路借款，湘人决不承认。"湖南绅商还组织了湘省集股会，用抽股、认股等办法集资修筑株洲—长沙段。

湖北绅民接着行动起来，留日学生千余人集会抗议，派张伯烈等回国力争。绅商学界联合组成湖北铁路协会，公举张伯烈等人为代表入京抗争。他们在京和邮传部尚书徐世昌进行了斗争，绝食七昼夜，消息传回湖北，各界人士极为愤慨，酝酿采取进一步的行动。

独立浪潮

清政府玩弄欺骗手法，于宣统元年（1909年）末和二年（1910年）初，先后准许湖南境内粤汉路和湖北境内粤汉、川汉铁路商办，但实际上并未废除向四国银行团的借款合同。

宣统三年四月十一日（1911年5月9日），清政府在"皇族内阁"上台第二天，悍然宣布已经商办的铁路干线一律收归"国有"，并与英、法、德、美"四国银行团"签订了《粤汉、川汉铁路借款合同》，以铁路借款为名，把收归"国有"的铁路修筑权转手拍卖给帝国主义。

清政府出卖粤汉、川汉铁路的罪恶行径，激起全国人民尤其是粤、湘、鄂、川四省人民的强烈反对，各界群众纷纷集会抗议，一致要求清政府收回成命，准许铁路商办。其中以四川的保路运动声势浩大，斗争最为激烈。

五月二十一日（6月17日），川汉铁路股东在成都开会，成立"四川保路同志会"，各府州县纷纷响应，参加人数达数十万人。不少同盟会员联合会党把保路运动引向革命，准备起义。

清政府调派湖北新军入川镇压，四川总督赵尔丰诱捕保路同志会领袖蒲殿俊等人，并开枪镇压群众请愿，制造了成都血案。全省保路同志军行

赵尔丰
赵尔丰（1845年—1911年），字季和，祖籍山东莱州，生于奉天铁岭（今辽宁省铁岭市），清汉军正蓝旗将领，曾镇压苗民、藏民起义。后调任四川，在保路运动中镇压保路运动人士，成为辛亥革命的一个诱因。辛亥革命后被迫让政权于大汉四川军政府，仍据总督署企图复辟，遂为都督尹昌衡所杀。

动起来，英勇奋战，八月初四（9月25日），荣县宣布独立，此后各州县纷纷效法，"独立"浪潮席卷全川。

争夺沪杭甬路权

与此同时，争夺沪杭甬铁路路权的斗争也在进行。清光绪三十一年（1905年），江苏人民收回沪宁铁路的斗争失败。浙江绅商成立商办铁路公司，奏准招股兴筑全浙铁路，先筑苏杭段。第二年，江苏绅商也组成商办铁路公司，与浙路公司相呼应。

浙路的杭州至嘉兴段和苏路的上海至嘉兴段先后开工。英国以光绪二十四年（1898年）曾订立借款代筑苏杭甬铁路草约为理由，胁迫清政府改订正约，并勒令苏、浙停工。

光绪三十三年（1907年）九月，清政府下了一道"借款修筑"苏杭甬铁路"以昭大信而全邦交"谕旨，把路权奉送给英国，只准两省绅商搭股。这道谕旨激起了两省人民的愤慨，也把收回路权的斗争推向了高潮。两省绅商、两路公司，上海等处商会、学会等函电交驰，抗议卖路谕旨。广大群众集会抗议，争先认股。

光绪三十四年（1908年）二月，清政府和英国商定了一个变相卖路的办法，由清政府邮传部出面向英国贷款，然后由该部转借给两路公司，在借款期内聘用英人为总工程师，但两路公司相约不用"部拨存款"，不与英籍总工程

保路运动纪念碑
位于中国四川成都中心人民公园，建于民国二年（1913年），是当时川路总公司为了纪念宣统三年（1911年）四川保路运动中牺牲烈士而修建的纪念建筑。

师合作，继续暗中抵制。

到宣统元年（1909年）夏，两路公司又向清政府提出废约、退款和撤回英国总工程师的要求，斗争延续到第二年春，清政府和英国协议，将苏杭甬铁路借款移作开封、徐州铁路借款，风潮才告一段落。

保路运动显示了广大人民激昂的爱国热情，但"爱国有罪"，运动无不遭到清朝统治者的破坏和镇压，许多人通过爱国运动实践，得出了"要救亡必先推翻清朝统治"的结论。四川的保路同志军起义牵动了全国人民的心，鼓舞了资产阶级革命党人的斗志，从而导致了辛亥革命的总爆发。

1907年

是年秋瑾案起。秋瑾者,浙江女生盲革命者也,留学日本,归为绍兴大通学校教师,阴谋乱。

——《清史稿》

秋风秋雨愁煞人

秋瑾出身封建官僚世家却颇有侠义之风,她勇敢冲破官僚阶层的桎梏,舍弃优裕生活,为民主革命和女权运动做出了不朽贡献,堪称"旧民主主义革命时期中国革命妇女的楷模"。

主角
秋瑾

笔名
鉴湖女侠、白萍

职业
中国首位女权运动者、民主革命家

就义时间
1907年

就义地点
浙江绍兴轩亭口

经典名句
休言女子非英物,夜夜龙泉壁上鸣

留学日本时的秋瑾
秋瑾(1875年—1907年),浙江省绍兴府山阴县(今绍兴市)人,生于福建省厦门。初名闺瑾,乳名玉姑,字璿卿,号旦吾,留学日本后改名瑾,字(或作别号)竞雄,自称鉴湖女侠,笔名秋千、汉侠女儿,曾用笔名白萍。近代女民主革命志士,提倡女权,她的死亡间接促成辛亥革命。

与夫决裂,东渡日本

秋瑾(1875年—1907年),原名闺瑾,小名玉姑,字璿卿。出身官宦世家,其祖父秋嘉禾在福建任职多年。秋瑾自幼出入祖父官邸,对外国侵略者的跋扈无礼深以为虑。她家教开明,自幼与兄长一处读书,精通四书五经,雅好诗词歌赋,尤其喜读游侠传记。

清光绪二十二年(1896年),经父母之命,媒妁之言,秋瑾与湘潭城内富商王黻臣之子王子芳成婚。王子芳纨绔习气甚重,思想新潮上进的秋瑾与其脾性不投,婚后心情颇为苦闷。戊戌变法失败后,王子芳赴京任职。随夫居住北京期间,秋瑾对官场腐败黑暗的习气深为痛恨,多次作诗讥讽时事。八国联军侵占北京后,秋瑾随王子芳出京避祸,作《杞人忧》感叹"漆室空怀

忧国恨，难将巾帼易兜鍪"。

光绪二十九年（1903年），秋瑾结识了王子芳同僚廉泉的妻子吴芝瑛。受叔父"桐城派最后宗师"吴汝纶的影响，吴芝瑛精于书画诗词，思想西化开通。二人相见恨晚，结拜为异姓姐妹。同时，秋瑾还与陶荻子、日本人服部繁子等思想进步的女子结交。

通过与密友的交流，秋瑾眼界大开，感慨人生当有所作为，不能"米盐琐屑终其身"。于是，她决定自费日本留学。可是，她的决定遭到丈夫王子芳的强烈反对，王子芳甚至偷走秋瑾准备的留学费用。秋瑾对王子芳的行为甚为鄙视，她意识到"革命当应自家庭始"，毅然改换男装，另筹经费赶赴日本。此后，秋瑾再未穿过清朝礼服。

投身革命，贡献杰出

光绪三十年（1904年）五月，秋瑾到达日本东京。经过刻苦努力，她仅用半年时间就已熟练掌握日语，自中国留学生会馆开办的日语讲习所结业。此后，秋瑾一边学习，一边参加各项社会活动。她与革命志士周树人、宋教仁、何香凝等人多有往来，并严厉摒弃封建官僚习气，自律甚严。

身为女子，秋瑾在参与革命活动的同时，还积极发动妇女接访活动。她先后组建"实行共爱会""天足会"等团体，呼吁妇女解放双足，抵制纳妾。她率先垂范，委托兄长向丈夫王子芳提

徐锡麟
徐锡麟（1873年—1907年），字伯荪，号光汉子，浙江绍兴山阴东浦镇人。曾在绍兴创设书局，传播新译书报，宣传反清革命。清光绪三十三年五月二十六日（1907年7月6日），徐锡麟在安庆刺杀安徽巡抚恩铭，率领学生军起义，攻占军械所，激战4小时，失败被捕，次日慷慨就义。

出离婚。在当时的社会，此举堪称惊世骇俗。

不久，秋瑾加入日本横滨的"三合会"团体，被封为"白扇"（即通常所说的军师），可见其出众的谋略和胆识。秋瑾认为，对于文化水平较低的劳苦大众，仅凭几篇爱国改革的文章无法让其觉醒，必须通过语言的力量来影响他们。她联合志同道合的人创办"演说练习会"，实行"普通语"（即通常所说的普通话）演说，受到革命志士的一致好评。

秋瑾故居
位于浙江绍兴越城区塔山西南麓和畅堂35号，砖木结构，五进三开间。此房是秋瑾卧室兼书房，卧室后壁夹墙内有一小密室，曾用于藏放文件与枪支弹药。

八月，秋瑾参与创办的《中国白话报》正式创刊。《白话报》为月刊，文章均采用通俗易懂的白话文。秋瑾自号"鉴湖女侠"，在《白话报》上分别就清朝的腐朽、女性不平等的地位及中日两国军人不同的社会地位发表文章，文章情真意切，洋溢着拳拳爱国之心和激昂的热情。

秋瑾回国探亲前夕，与在上海创立光复会的陶成章相见。陶成章感佩秋瑾的救国热情，写下介绍信向光复会领导人蔡元培、徐锡麟推荐秋瑾。出于信任，陶成章还向秋瑾详细介绍了浙江各地秘密会党的情况。

光绪三十一年（1905年）春，秋瑾回到中国。在徐锡麟的介绍下，秋瑾加入光复会，又在陶成章的介绍下结识浙江秘密会党的几名负责人。至此，秋瑾完全投身于民主革命事业。

中国同盟会成立后，在冯自由的介绍下，秋瑾加入同盟会。其时，赴日留学生人数日益增多，清政府害怕动摇其统治地位，与日本政府协商，发布《取缔规则》，对留日中国学生的言论和人身自由多有限制。一时间，留日中国学生及爱国志士大哗，秋瑾愤而中止学业，毅然回国。

回国后，秋瑾先后在多所学校任教，宣传男女平等和民主革命理论，培养出一大批爱国志士。她积极创办《中国女报》，呼吁妇女解放，明确提出成立"中国妇人协会"，写出大量文章宣传妇女解放及民主革命思想。可惜的是，受当时社会大环境所限，秋瑾解放妇女的呼声并未取得预期效果。但是，

徐锡麟的"供词"
清光绪三十三年（1907年），反抗清朝的徐锡麟和秋瑾策划浙皖两省起义，同年五月二十六日（7月6日），徐锡麟枪杀恩铭，并率学生攻占军械所，失败后被俘。此图为徐锡麟被俘后所写的供词，表达了反清的决心。

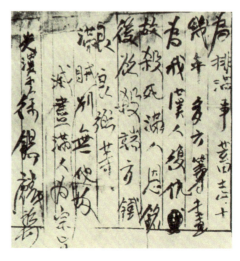

就中国妇女运动史而言，秋瑾占据了不可或缺的重要地位。

七字遗言，慷慨就义

20世纪初期的中国大地，反清革命运动暗潮汹涌。光绪三十二年（1906年）十一月，光复会会员集聚上海，谋划东南地区的起义事宜。秋瑾参与了此次秘密会议。在陶成章、徐锡麟的邀请下，秋瑾回到浙江筹划武装起义。

继萍浏醴起义失败后，徐锡麟提前发动的安庆起义也以失败告终，徐锡麟被捕后惨遭杀害。徐锡麟遇害后，清军得知秋瑾和徐锡麟的关系，准备逮捕秋瑾。浙江光复会成员闻讯，纷纷劝秋瑾提前起义或出走避祸。为避免准备不足而造成的不必要牺牲，秋瑾驳回提前起义的建议。面对来势汹汹的清军，秋瑾安排其余爱国志士速速离开，自己则坚守大通学堂，誓成为女子死于谋光复者的第一人，以鲜血来洗"女界之羞"。

光绪三十三年六月初四（1907年7月13日），秋瑾被捕。她以柔弱之躯经严刑拷打而坚不屈服，留下"秋风秋雨愁煞人"七字后，于两日后慷慨就义，年仅33岁。

秋瑾墓
位于浙江杭州西湖区，墓用花岗岩砌筑，墓座上端为汉白玉雕秋瑾立像。

1910年

我当年被捕,是肃亲王审的。要杀我,肃亲王可以杀,肃亲王没杀我。但肃亲王就跟我讲啊,说:"你们这革命呀,当然啦,你们是有原因的,看我们清朝太坏了。唉!假如你们成功啊,我看你们也不能强过我们什么的。"

——《张学良口述历史》

暗杀摄政王

同盟会创立后,发动了多次起义,但均以失败告终,这使得同盟会的革命影响力大受影响。为挽救同盟会的危机,时任同盟会评议部部长的汪精卫提出自己去北京刺杀清政府高官,以壮大同盟会的革命影响。暗杀摄政王即是汪精卫采取的革命行动。

时间
1910年

地点
北京

策划者
汪精卫、黄复生、喻培伦

刺杀对象
载沣

刺杀方式
在载沣必经之桥下埋设炸弹

结果
埋设时被人发现报官,汪精卫等人被捕

清光绪三十四年(1908年)十月,光绪皇帝和慈禧太后先后死去。不满三岁的溥仪继承皇位,改元宣统,由溥仪的父亲醇亲王载沣摄政。载沣执政后,先以患"足疾"为借口罢黜了拥有军政大权的袁世凯,然后宣示"预备立宪、维新图治"的宗旨,诏令官员们认真筹办"预备立宪"事宜,务必于宣统元年(1909年)内成立各省咨议局,借以稳定局势、笼络人心。

为了显示新朝廷有"除旧布新"的气概,还先后给戊戌维新中被黜革的已故户部尚书翁同龢、湖南巡抚陈宝箴等"开复原官",并革职了以阻挠、玩误宪政的陕甘总督升允、甘肃布政使毛庆蕃。

汪精卫

汪精卫(1883年—1944年),名兆铭,字季新,号精卫,原籍浙江绍兴。中国近代政治家。年轻时热心革命,曾策划刺杀摄政王载沣;抗战初任国民党国防最高会议副主席、国民党副总裁等职。1938年公开投日叛国,沦为卖国贼。

载沣及溥仪（右）、溥杰（怀）像

载沣（1883年—1951年），字伯涵，号静云，清末摄政王，末代皇帝宣统帝溥仪之父。载沣任摄政王时，实权在手，在清朝灭亡、民国建立的过程中，他的抉择对时局影响很大。辛亥革命时，他代表清廷逊位，和平交出政权；溥仪与日本人合作成立满洲国时，他反对并拒绝在满洲国常住，此举受到中华民国政府及后来成立的中华人民共和国政府的肯定。

当时同盟会创立后，接连在国内发动了一系列武装起义，但均以失败告终，这使得同盟会的革命影响力大受影响。一些同盟会会员因为没能立刻看到预期的胜利而感到焦躁和失望，而同盟会本来就是由若干小团体联合而成，原有的小团体观念并没有完全消失，于是在其内部出现了意见分歧和派别倾轧，甚至发生了组织分裂。

为了回击梁启超等保皇改良派讥讽同盟会领袖是"远距离革命家"，挽回民众对革命党的信心，宣统二年（1910年），时任同盟会评议部部长的汪精卫和黄复生等几个人谋刺清摄政王载沣。他们悄悄潜入北京，准备好炸弹，计划炸死摄政王载沣。

到北京后，他们在琉璃厂租了一栋房子，挂上"守真照相馆"的招牌，然后打探载沣行踪，了解到载沣每天八点出王府，经过鼓楼大街从景山后门进入皇宫。汪精卫本想在鼓楼大街的矮墙后投炸弹，但正赶上鼓楼大街扩修马路，闲杂人太多无法行动，后经过周密观察，目标选定在什刹海和后海之间的银锭桥，这里既有地方可以藏身，环境又十分僻静。

溥仪兄弟姊妹合影
溥仪兄弟姊妹一共9个，溥仪为长子，三岁登基，六岁退位，其父亲载沣对他最后投靠日本人非常愤怒，返回关内居住至去世。

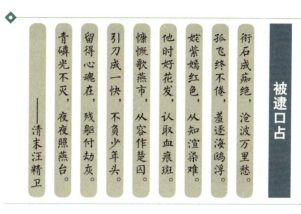

被逮口占

衔石成痴绝，沧波万里愁。
孤飞终不倦，羞逐海鸥浮。
姹紫嫣红色，从知渲染难。
他时好花发，认取血痕斑。
慷慨歌燕市，从容作楚囚。
引刀成一快，不负少年头。
留得心魂在，残躯付劫灰。
青磷光不灭，夜夜照燕台。

——清末汪精卫

二月二十一日（3月31日）晚，黄复生和喻培伦前往银锭桥埋炸弹，汪精卫和陈璧君两人在清虚观附近放风。后因四周犬吠，为防意外撤离。接连准备两天后，二十三日，黄复生和喻培伦两人再次去接电线时，发现被人偷窥，匆匆处理完后赶紧离开，到清虚观通知汪精卫他们转移。汪精卫认为警察未必能查出是他们埋的炸弹，于是仍留在北京观察情况，以实施下一次暗杀行动。

三月初七（4月16日），汪精卫和黄复生被警察在照相馆逮捕入狱，肃亲王善耆亲自处理这个案件，为争取民心，没有按例杀掉他们，而称他们"误解朝廷政策"，开恩判处永久监禁。

汪精卫刺杀摄政王一事在当时引起很大轰动，一度陷入分裂的同盟会为了营救汪精卫又团结起来了，各地组织都在行动，民众中同盟会的革命影响也扩大了，《纽约时报》甚至发文指出："懦弱麻木之中国，在刺客的玉石俱焚中开始觉醒。血性中国、尚武中国的铁血大潮，自此汹涌。"辛亥革命爆发后，汪精卫被释放。

1911年

1911年10月10日（宣统三年八月十九日），武昌的革命士兵们一夜间取得了起义的胜利，为清朝统治敲响了丧钟。

——《从鸦片战争到五四运动》

武昌起义

宣统三年（1911年）的广州起义和四川保路风潮使全国革命形势迅速高涨，清王朝的统治愈加风雨飘摇。八月，革命党人酝酿的武昌起义爆发，使得不堪一击的清王朝土崩瓦解。

时间
1911年

地点
湖北武昌

参战双方
中国同盟会、湖北军政府
清军

双方主要指挥官
革命党：黄兴、熊秉坤、吴兆麟等
清军：瑞澂、张彪

结果
武昌、汉阳、汉口三镇全部光复

影响
各省纷起响应，革命浪潮迅速席卷全国，清王朝面临土崩瓦解

宣统三年（1911年）的广州起义和四川保路风潮使全国革命形势迅速高涨，清王朝的统治岌岌可危。在湖北，革命党人也积极酝酿新的革命行动。武昌成为革命首义之区，得益于天时、地利、人和诸多有利因素。

武汉在洋务运动时期建立了一大批近代化的工商企业和文化教育机构，使得这里的民族资产阶级、小资产阶级及其知识分子力量较强。张之洞编练的湖北新军，又是一支易于接受革命思想的近代化军队。湖北革命党人在长期的工作中，经过努力宣传，组织了许多革命团体，在湖北新军内部进行了策反工作，这些为革命的发生奠定了基础。

八月初三（9月24日），共进会和文学社联合成立统一的起义领导机

熊秉坤
熊秉坤（1885年—1969年），原名祥元，又名忠炳，字载干，今湖北武汉江夏人，后迁石嘴袁家河楠木庙村。中国民主革命家，中华民国及中华人民共和国军事及政治人物。武昌起义时，率工程兵首先发难，占领楚望台军械库，功勋卓著。武昌起义后，任第五协统领，参加武汉保卫战。

构,推举蒋翊武为革命军总指挥,孙武为参谋长。同时,拟定了详细的起义计划。

湖北革命党人原定农历八月十五日中秋节(10月6日)举行起义,由于准备不及而延期。八月十七日(10月8日),孙武在汉口俄租界制造炸弹失慎爆炸,孙武被送往医院,沙俄巡捕闻声赶来,将准备起义的旗帜、符号、文告、印信等全部搜去。

第二天,设在武昌的指挥起义的秘密机关又遭破坏,彭楚藩等被捕,蒋翊武逃脱。湖广总督瑞澂下令杀害彭楚藩、刘尧澂、杨洪胜三人,全城戒严,按照查获的名册搜捕革命党人。

武昌形势危急,而起义指挥系统又陷于群龙无首的状态。在这种情况下,湖北革命党人和新军中的革命士兵群众,没有束手待毙,而是积极自行联络,坚决发动了武装起义。

八月十九日(10月10日)晚,新军工程第八营的革命党人在熊秉坤率领下,杀死反动军官,打响了起义的第一枪。几十人冲往楚望台军械库夺取弹药。军械库守军中的革命士兵们闻风响应,一举占领了楚望台。

接着,步兵、炮兵、辎重各营和军事学堂学生闻风响应,齐集楚望台,临时推举原日知会会员、队官吴兆麟担任临时总指挥,向总督衙门发动攻击。革命士兵们奋不顾身,血战通宵,占领了总督衙门、藩库等重要机关,湖广总督瑞澂仓皇逃往停泊在长江的兵舰上。起义军一夜之间占领了武昌城,取得了首义的胜利。接着,驻汉阳、汉口的新军先后起义,武汉三镇完全为革命党人所控制。

武昌起义后不到两个月,内地18个省中已有14省相继宣布独立。革命浪潮激荡全国,也带动了广大农村地区农民群众自发的反抗斗争的发展。农民起而反对土豪劣绅、贪官污吏,抗捐抗税。

从武昌起义到中华民国元年(1912年)年底,全国农村较大规模的群众起事达150多次,有力地冲击了农村的旧秩序。各省纷纷独立和人民群众的自发斗争,汇成了资产阶级民主革命的高潮。清王朝的统治四面楚歌,陷于土崩瓦解。

1911年在汉口十里堡向清军射击的革命军

铁血十八星旗

简称十八星旗,是武昌起义胜利的标志。旗面为红色,象征铁血精神;十八颗星为十八个行省,以此代表全国。该旗寄托了当年反清革命党人对民主共和的理想追求:即唤醒全体国人团结起来,拿起武器用鲜血与生命去推翻满清封建王朝的黑暗统治。现收藏于中国人民革命军事博物馆。

武昌起义的士兵

参加武昌起义的部队有:革命党人组成的新军工程第八营,驻守在武昌的炮兵营、工程队等部队,清军辎重十一营等。

起义门

古称中和门,位于现武汉市武昌区首义路与津水路交汇处,因在清宣统三年(1911年)见证打响了辛亥革命的第一枪而蜚声中外。

北洋军坐火车去准备抢回汉口
1911年10月26日起,清朝陆、海军对汉口的革命军发动前后夹攻,11月,北洋军占领了汉口火车站。

1912年

迨夫民国甫造,则以虏巢未覆,亟思编飞机为北伐侦察队。

——《民国第一飞行家冯君如墓志铭》

中国航空之父冯如

作为"中国首创飞行大家",冯如填补了中国航天事业的空白,向西方列国展示了中国人的智慧和中国实力,揭开了中国航空史的不朽篇章,是当之无愧的"中国航空之父"。

主角
冯如

遇难时间
1912年

职业
飞机设计师、制造者和飞行家

主要成就
制成中国的第一架飞机、制造"冯如1号""冯如2号"

赞誉
中国航空之父

清光绪十年(1884年),冯如出生于今广东省恩平市,原名冯九如,字鼎三,号树垣,家境贫寒。自幼时起,冯如就在发明制造方面表现出过人天赋。他"聪明冠群童",曾用火柴盒制作轮船,也曾自出机杼,将两翼吊上木桶的风筝放飞到百米高空。

甲午战争失败后,年仅12岁的冯如跟随亲戚去美国旧金山谋生。在美国打工期间,冯如有感于中国与美国机械制造业的巨大落差,意识到贫弱的中国亟须先进制造技术来增强国力。为学艺救国,冯如自学科技书籍的同时,在美国船厂、电厂和机器制造厂之间辗转打工,通过实际操作掌握了机器制造技能。

光绪二十九年(1903年),美国莱特兄弟发明飞机。冯如意识到飞机制造技术对于中国军事的重

冯如像

冯如(1884年—1912年),原名冯九如,字鼎三,号树垣,广东恩平人。中国第一位飞机设计师,被美国报纸赞为"东方莱特"。冯如谢绝美国多方的聘任,带着助手及两架飞机回到中国。他提出航空救国主张并为之奋斗,在广州燕塘飞行表演中不幸失事殉职。中华民国临时大总统袁世凯追授其陆军少将军衔,安葬在广州黄花岗公园,立碑纪念,尊为"中国始创飞行大家"。

要性，他决定自己制造飞机，豪言必"成一绝艺以归飨祖国"。在当地华侨的赞助下，光绪三十三年（1907年），冯如在奥克兰市建立飞机制造厂，后又成立"广东机器制造公司"。

经多方试验、数次失败后，宣统元年八月初八日（1909年9月21日），冯如终于研制成功，并驾驶自制的飞机飞翔在奥克兰市上空，以2640英尺（约805米）的航程打破莱特兄弟852英尺（约260米）航程的纪录。冯如试飞成功的消息震惊中西，孙中山先生赞叹"吾国大有人矣"，《加利福尼亚美国人民报》撰文称冯如为"天才人物"，感慨"航空方面，白人已落后于华人"。

宣统二年（1910年）六月，冯如驾驶自制的第二架飞机在国际飞行比赛中获得冠军，美国国际航空学会为他颁发了甲等飞行员证书。此后，美国各大机械制造厂竞相出高薪聘请冯如。但是，心系家国的冯如一一谢绝，于宣统三年（1911年）正月带着两架飞机回到中国。

归国后，冯如将工厂改名"广东飞行器公司"，向清政府造册具报。没想到，清政府却因冯如长期居于海外，怀疑他与革命党人有联系，非但不批准冯如的具报，还处处监视冯如，以防有变。武昌起义爆发后，冯如参加革命，被广东革命军政府委任为飞行队队长。

为普及航空知识，民国元年（1912年）七月，冯如在广州燕塘（今广州黄埔区燕塘村）举行飞行表演。不幸的是，在这次飞行表演中，冯如驾驶的飞机出现意外。冯如重伤后抢救无效，终年29岁。冯如死后，国民政府将其归葬在黄花岗七十二烈士墓旁并立碑留念，追授他为陆军少将。

1912年，中国第一位飞行家、飞机设计师冯如（坐者）在广州燕塘试飞前与徒弟合影

> 清末

凡王公大臣荐绅先生每有喜庆必招谭，谭不至举座不欢也。膏粱纨袴弦歌相娱，不学谭则无以鸣高也。

——《伶史》

伶界大王谭鑫培

道光以后，京剧蓬勃发展，涌现一批艺才出众的演员，其中最为著名的有程长庚等京剧艺术大师。谭鑫培是继程长庚之后涌现的一代巨匠。由于他勤学苦练，自创新声，独成影响深远的谭派京剧艺术。

主角
谭鑫培
地位
伶界大王
创立派别
谭派
主要代表作
《四郎探母》《定军山》《战太平》

谭鑫培（1847年—1917年），名金福，湖北省江夏县人，家中独子。其父谭志道，演老旦兼老生，擅长演悲剧人物，调门高而嗓音尖，观众给他起外号叫"叫天儿"。谭鑫培艺名"小叫天"，即沿父而起。

谭鑫培从小就跟他父亲学艺，练功勤奋，从不间断，练就一身好功夫。清同治九年（1870年），20多岁的谭鑫培因父亲的关系，回京入程长庚主持的三庆班，武生、老生相间演唱。

谭鑫培多年搭三庆班，对程长庚的艺术很专心学习，尤其是程长庚的四声运用和行腔吐字的功夫。又因为其父和老生"三杰"之一的余三胜是同乡至交，他得以拜余三胜为师，吸收余三胜的汉调西皮

晚年便装的谭鑫培
谭鑫培（1847年—1917年）本名金福，字望重，因堂号英秀，人又以英秀称之。今湖北武汉黄陂人。著名京剧演员，主攻老生，曾演武生。其父谭志道，主攻老旦兼老生。他是一位承先启后的京剧表演艺术家，影响极大，他故去后，梁启超写的挽联"四海一人谭鑫培，声名卅载轰如雷"说明了他的影响。

的特长，以圆润流利取胜。后来在程长庚的建议下，谭鑫培兼演武老生。

光绪八年（1882年）后谭鑫培渐以演老生戏著名。这时他搭四喜班，与著名老生孙菊仙互唱大轴。光绪十六年（1890年），被选入升平署为"民籍教习"，因其艺术精湛，受到慈禧太后的赏识，赐四品服。

谭鑫培由于出色的表演艺术，自创新声，独成一派，人称"谭腔"，与当时四喜班的孙菊仙、春台班的汪桂芬鼎足而立，被称为"老生后三杰"，或"后三鼎甲"。光绪二十六年（1900年）八国联军侵占北京，戏园被焚毁，"老生后三杰"各自分散，谭鑫培在北京京剧舞台上独享盛名，行内有"无腔不学谭"之说。

谭鑫培是继程长庚之后在京剧老生行中艺术成就最高的。他不仅继承了前辈老生演员的一些拿手好戏，还通过自己的创造，丰富和发展了京剧老生的传统剧目。如《珠帘寨》的李克用原是花脸扮演，经谭鑫培改为老生后，成为老生的传统剧目；《南阳关》《战太平》等剧原来都是不受重视的"开场戏"，谭鑫培演唱后丰富了唱腔和表演，成为谭派的看家戏；《搜孤救孤》《当锏卖马》的主角原分别是公孙杵臼和店家，经谭鑫培的改编，程婴、秦琼成为主角。

因技艺高超，谭鑫培驰名南北，获"伶界大王"的称号。

京剧艺术分类

名称	内容
行当	生，指男子，分老生、小生和武生
	旦，指女子，分正旦（青衣）、老旦、花旦、花衫、武旦、刀马旦、彩旦（丑角）
	净，指花脸，分正净（铜锤花脸）、副净（架子花脸）、武净、毛净
	丑，指丑角，分文丑、武丑、女丑
艺术形式	念，指有音乐性的念白，分京白、韵白和苏白
	做，指做表和身段
	唱，指行腔
	打，指舞蹈化的武打动作
主要流派	正旦，有王派、梅派（花衫）、程派（青衣）、尚派（刀马旦）、张派
	花旦，有荀派、筱派
	老旦，有龚派、李派
	老生，有谭派、马派、麒派、余派、高派、言派、杨派、奚派
	武生，有杨派、尚派、盖派、李派
	小生，有姜派、叶派、俞派
	花脸，有裘派、郝派、侯派

> 清末

晚清谴责小说"命意在于匡世","揭发伏藏,显其弊恶,而于时政,严加纠弹,或更扩充,并及风俗"。

——《中国小说史略》

晚清四大谴责小说

晚清时期创作的小说,不仅数量多,而且题材广泛。其中有一些作者有意识地用小说做武器,对清政府和一切社会丑恶现象进行抨击,鲁迅先生称之为"谴责小说"。

时间
晚清

内容
涉及社会方方面面,各色人等,从官场到商场,内政到外交,学界到工界,维新人士到革命党人等

特点
针砭时弊

代表作
李宝嘉的《官场现形记》
吴沃尧的《二十年目睹之怪现状》
刘鹗的《老残游记》
曾朴的《孽海花》

李宝嘉
李宝嘉(1867年—1906年),名伯元,江苏武进人,早年丧父,由居官的堂伯抚养,因此对腐败黑暗的官场有较深刻的印象。代表作品有《庚子国变弹词》《官场现形记》等。

由于资产阶级改良派和民主革命派的大力倡导,晚清的小说创作得到了空前发展,涌现了一大批有影响的小说,形成了晚清小说创作繁荣的局面。这时期创作的小说,不仅数量多,而且题材广泛。社会的方方面面,各色人等,从官场到商场,从内政到外交,从学界到工界,从维新人士到革命党人,几乎都有所反映。一些作者有意识地用小说做武器,对清政府和一切社会丑恶现象进行抨击,鲁迅先生将之称为"谴责小说",其"命意在于匡世","揭发伏藏,显其弊恶,而于时政,严加纠弹,或更扩充,并及风俗"。

晚清谴责小说在体裁上最普遍采用的是一段一段没有总结构的类似《儒林外史》的形式,拆开来每段各自成篇,合拢来可以长至无穷,这是为适应当时小说在报纸杂志连续发表的需要和容纳繁杂多样的题材所决定的。

这些小说写作上大都采取直接暴露、批判的手法，艺术性较低，口号化。因此，尽管晚清谴责小说创作量大，但传世之作较少。其中最著名的是四大谴责小说，即李宝嘉（李伯元）的《官场现形记》、吴沃尧（吴趼人）的《二十年目睹之怪现状》、刘鹗的《老残游记》、曾朴的《孽海花》。

其中，《官场现形记》以晚清官场为表现对象，集中描写封建社会崩溃时期旧官场的种种腐败、黑暗和丑恶的情形，描绘了一幅清末官僚的百丑图。《二十年目睹之怪现状》采用第一人称的方式叙述了近200个小故事，描写了中法战争前后至20世纪初的20多年间晚清社会出现的种种怪现状，涉及官场、商场、洋场、科场，兼及医卜星相，三教九流，揭露了日益半殖民地半封建社会的政治状况、道德面貌、社会风尚以及世态人情。

《老残游记》以一个摇串铃的江湖医生老残（铁英）为主人公，叙述了他在中国北方游历期间的见闻和活动，反映了清政府的腐朽黑暗，官吏残暴昏庸，百姓贫困交迫的社会现状，表达了作者忧国忧民的意识。

《孽海花》采用隐喻的手法，以清末状元金雯青和名妓傅彩云（即赛金花）的爱情故事为线索，展现了同

刘鹗
刘鹗（1857年—1909年），字铁云，号老残，今江苏丹徒区人。《老残游记》是晚清四大谴责小说之一，是刘鹗的代表作，流传甚广。

治初年至甲午战争三十多年间中国社会政治文化生活的历史变迁，成功地塑造了封建知识分子与官僚士大夫们虚伪造作又庸腐无能的形象，歌颂了民主革命党人的革命活动，表达了作者反对封建专制，主张推进洋务，引进西学，开展民族民主革命的爱国救亡思想。

赛金花
赛金花（1872年—1936年），清末名妓，嫁于洪钧时曾以公使夫人名义出使德、俄、荷、奥欧洲四国。民国七年（1918年）赛金花与魏斯炅在上海正式结婚，改名为赵灵飞。《孽海花》即以她的一生为模本创作的。

清末

盖总计陆线之设,不下四万里有奇,而水线不与焉。

——《清史稿》

电信与邮政

清政府的闭关锁国政策导致了中国近现代科技应用远远落后于西方列国,在西方列国普及电信、邮政网络时,中国还依赖传统行业,被西方列国乘虚而入。在爱国官绅的推动下,中国奋起直追,建立起独立电信业和邮政业,维护了中国通讯主权。

时间
清朝末期

背景
现代科学技术落后于西方列国

事件
中国极力发展电信与邮政

成果
中国自主电信与邮政网络四通八达,远达海外

意义
维护了国家通信主权

清朝宫廷电话机
刚引进中国的电话机,受话器(听筒)和送话器(麦克风)是分开的,打电话时,人们得一手拿听筒,一手拿麦克风。

电信业

19世纪,随着电报的发明,世界电信事业的发展日新月异。第二次鸦片战争后,英美等国均要求在中国架设陆上电信线路,以便及时攫取中国情报。起初,清政府不同意外国在中国铺设线路,但对于他们在沿海地区铺设海线的要求则无力阻止。总理衙门大臣奕訢提出"线端不牵引上岸,与通商口岸陆路不相干涉"的条件,表示中国对海线不承担保护责任。

得到清政府允许后,丹麦大北公司率先在中国沿海铺设起海上线路。甲午战后,西方各国进一步强占租借地,疯狂争夺和瓜分势力范围,我国的电信主权,不断被鲸吞蚕食,大北、大东和太平洋公司互相协商,瓜分了我国国际电报的收益,德、法、丹麦等国利用侵华战争的机会,继续加速架设电信线路。台湾地区的电报陆线和福州至台湾地区的水线因1895年中日签订马关条约而落入日本手中。

最为过分的是，西方列国罔顾清政府不允许将线端牵引上岸的规定，将水线引至沿海港口城市登陆。同治八年（1869年），美国旗昌洋行私自架设陆上电报线，接通了虹口洋行和位于法租界区的金利源码头。此后，各国外企纷纷效法这一举动，在上海租界内搭设陆线。

同治十二年（1873年），大北电报公司公然将水线自吴淞（即上海北部吴淞口）登陆接到上海。清政府江海关道员沈秉成向驻上海的外国领事馆发出严正抗议，但大北电报公司完全置之不理。直到十年后，清政府才花费白银3000两买回吴淞—上海线。

经过多次交涉，清政府坚持中国的电报陆线要由中国自己设立，保住了中国陆上电报自主权。电报业的快速发展，吸引了许多爱国官员和商人的目光，他们意识到电报业对中国电信和国防的重要意义，积极开始考察、宣传，呼吁清政府兴办电报。在诸多爱国志士的通力推动下，中国电报业应运而生。

光绪二年（1876年）二月，中国第一所电报学堂在福州成立。第二年七月，在福建巡抚丁日昌的推动下，中国

晚清电话机

晚清上海江西中路的华洋德律风公司（英商中国电话公司）的接线员

送报图

在京城送报者，多为山东人。他们在京城开设报房，所有外省折奏及谕旨，均由内阁为其报房印刷，送往各官宅铺户之家，每日一换，按月付钱。这是北京最早的邮递方式。

第一条自主设立的电报线建成于台湾地区，连接了台湾府城（今台北市）和旗后（今高雄市），全长95千米。

　　光绪五年（1879年），全长40千米的天津—大沽和天津—北塘炮台的电报陆线在李鸿章的主持下架成。第二年，在李鸿章的推动下，电报总局在天津成立，同时开办天津电报学堂。至此，中国电报通信业"权自我操，持久不蔽"。到了光绪三十年（1904年），包括台湾地区在内的陆、海线电报线路网络基本覆盖了整个中国。

光绪十年（1884年）清政府与英国达成协议，将缅甸（当时为英属）与云南之间的电信线路通连。中国开始了国际化电信发展。此后，清政府陆续实现了与邻国电信线路通连，电报可直达欧美、东南亚等地。随着电信科技的发展，无线电报逐渐兴起。无线电报以其方便、快捷的特性，逐渐取代有线电报成为电信业的新兴热点。

　　除电报外，电话也于光绪七年（1881年）被引进中国，但由于电话开通成本高，仅在发达省份和大城市普及，使用人员也多为官僚富商等中上阶层。

邮政业

　　在古代，中国邮递业务主要以官办驿站和民办民信局为主，在东南沿海地区，还设有专供海外居民邮寄信件、

大龙邮票

中国的第一枚正式发行的邮票，主图是清皇室的象征蟠龙，这套邮票共三种面值，1分银为绿色，3分银为红色，5分银为黄色，刷色有深浅暗亮等差异。

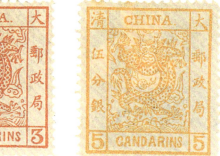

大清邮政局招牌

物品的侨批局。鸦片战争后,西方列国在我国沿海地区公然建立邮局,用以倾销本国商品、偷税漏税甚至走私鸦片。清政府称这类邮局为"客邮"。此外,各国还在我国境内开设"书信馆",推销本国邮票。"客邮"和"书信馆"的存在,大大扰乱了中国的邮政秩序,侵犯了中国的邮政主权。

光绪四年(1878年),经中英两国商议,英国人罗伯特·赫德在李鸿章督管下,筹办起海关书信局。同年夏天,中国第一套大龙邮票印制成功并投入使用。新式邮政业务主要由海关税务司主管,轮船离港前均需去税务司呈报,以便捎送邮件。陆路邮递工作由"骑差邮路"负责,信差均穿统一制服,持有天津海关税务司发给的护照。

其时,商人及爱国人士纷纷呼吁限制"客邮",建立中国自己的邮政体系。光绪十四年(1888年),台湾邮政总局成立,标志着中国独立兴办邮政的开始。光绪二十二年(1896年),清皇朝国家邮政正式开办,总理衙门委任总税务司赫德兼任总邮政司。赫德凭借之前筹管海关邮政的经验,制定并完善了《开办邮政章程》,还将各地民信局收归邮政官局管辖,邮政网络遍及全国。

光绪三十二年(1906年),清政府成立邮传部。五年后,邮传部尚书盛宣怀与代立总税务司英国人安格联达成移交协议,将海关邮政统归邮政部。民国三年(1914年),中国加入国际邮政组织万国邮联。中国近代邮政体系已基本完善成熟。

大北电报公司旧址

燕京八景

燕京八景又称燕山八景、燕台八景，是指燕京（北京雅称）旧时的八个景观，包括蓟门烟树（西土城）、卢沟晓月（卢沟桥）、金台夕照（黄金台）、琼岛春荫（北海）、居庸叠翠（八达岭）、太液秋风（中南海）、玉泉趵突（玉泉山）、西山晴雪（香山）。这八个景点的景观和描述由清乾隆皇帝亲自主持修订，并下旨建造御书燕京八景碑后才固定下来。后代史料的记载和现代园林的绿化也多以乾隆钦定的这八景景名为依据。

① 清·张若澄 燕京八景图册·太液秋风
② 清·张若澄 燕京八景图册·琼岛春荫
③ 清·张若澄 燕京八景图册·金台夕照
④ 清·张若澄 燕京八景图册·蓟门烟树
⑤ 清·张若澄 燕京八景图册·西山晴雪
⑥ 清·张若澄 燕京八景图册·玉泉趵突
⑦ 清·张若澄 燕京八景图册·卢沟晓月
⑧ 清·张若澄 燕京八景图册·居庸叠翠

晚清画派

清朝后期，中国逐渐沦为半殖民地半封建社会，画坛也随之发生了极大变化。文人山水画和宫廷画都逐渐式微，以新兴商业城市为中心的新技巧和新风格画派兴起。这一时期，辟为通商口岸的上海和广州成为新的绘画要地，出现了以四任为代表的海派和广东高剑父、高奇峰为代表的岭南画派。另有汤贻汾和戴熙名家，被称为"戴汤"。

● 汤贻汾

汤贻汾（1778年—1853年），字若仪，号雨生、琴隐道人，晚号粥翁，今江苏武进人。精骑射，工诗文，书画宗董其昌，擅画墨梅、花卉。代表作品有《姑射停云图卷》、《秋坪闲话图轴》、《隐琴图轴》。

● 戴熙

戴熙（1801年—1860年），字醇士，号鹿床、井东居士等，浙江钱塘（今杭州）人。山水画大家，又擅花鸟、人物以及梅竹石，笔墨皆隽妙。著有《习苦斋集》、《题画偶录》等。代表作有《云岚烟翠图》、《忆松图》、《满门风华》等。

● 四任

即任熊、任薰、任伯年、任预。任熊（1823年—1857年），字渭长，一字湘浦，号不舍，浙江萧山人。画法宗陈洪绶，人物、花卉、山水、翎毛、虫鱼、走兽，无一不精。

清·任熊·麻姑献寿图

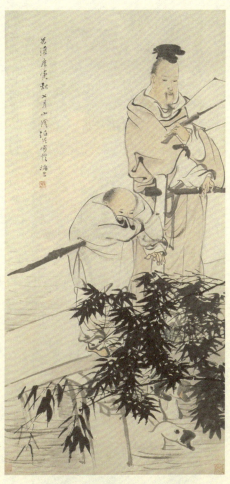

清·任颐·羲之爱鹅图轴

任薰（1835年—1893年），字舜琴，又字阜长，任熊之弟。工人物、花鸟、山水、肖像、仕女，画法博采众长，面貌多样，富有新意。

任伯年（1840年—1896年），名颐，浙江山阴人，任熊侄子。绘画题材广泛，用笔用墨丰富多变，构图新巧，富有诗情画意，清新流畅。

任预（1853年—1901年），一名豫，字立凡，任熊儿子。笔墨初无师承，然而却天然成趣。后得赵之谦指授，善治印。

清·任薰·天女散花图

清·任熊·花卉四条屏·菊石图轴

清·任熊·花卉四条屏·桃柳双燕图轴

清·赵之谦·菊石雁来红图

清·赵之谦·古柏灵芝图

清·赵之谦·牡丹图

⦿ 赵之谦

赵之谦（1829年—1884年），初字益甫，号冷君；后改字撝（huī）叔，号悲庵、梅庵、无闷等，浙江会稽人。工诗文，擅书法和绘画，为清末写意山水画鼻祖。篆刻苍秀雄浑，为清末篆刻巨擘。画以写意花鸟、蔬果为主，旁及山水、人物，笔墨富有生气，是"海上画派"先驱。

⦿ 吴友如

吴友如（？—约1893年），名嘉猷，字友如，别署猷，江苏元和（今吴县）人。工人物、肖像，以卖画为生。光绪年间在上海主绘中国第一部画刊《点石斋画报》，后自创《飞影阁画报》，反映市民生活和时事热点。构图紧凑，线条简洁，深受人们喜爱。

⦿ 虚谷

虚谷（1823年—1896年），俗姓朱，名怀仁，僧名虚白，字虚谷，别号紫阳山民，原籍今安徽歙县，移居今扬州。海上四大家之一，工于花鸟，尤擅画小动物题材，干笔冷峭新奇，别具一格，有"晚清画苑第一家"之誉。

清·虚谷·梅鹤图轴

◉ 吴昌硕

吴昌硕（1844年—1927年），初名俊，又名俊卿，字昌硕，又署仓石、苍石，别号很多。工诗和书法，尤精篆刻。画以写意花卉、蔬果为主，用色鲜艳凝重，气势奔放，极富生趣。代表作有《云壑古松图》、《紫藤图》、《墨松图》、《杂花图》等。

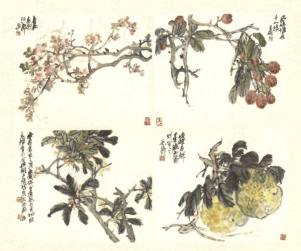

清·吴昌硕·四时花果

◉ 二高一陈

"岭南画派"创始人。此画派融合中西画法，注重写生，章法、笔墨不落陈套，色彩鲜艳。

高剑父（1879—1951），名仑，以字行，广东人。擅长写意，也画工笔。山水、人物、翎毛、花卉以至草虫禽兽，无所不能，表现手法不拘一格，生动传神。

高奇峰（1889年—1933年），名嵡，字奇峰，以字行，高剑父之弟。画以翎毛、走兽、花卉最为擅长，尤擅画雄狮猛禽，用笔粗细自如，细致入微。

陈树人（1884年—1948年），号葭外渔子、二山山樵、得安老人。早年留学日本毕业于西京美术学校和东京立教大学，积极参加革命。后定居广州，专心绘画，画风清新、恬淡，独树一帜。

清·高剑父·昆仑雨后

///// 少年中国史

晚清中国签订的主要不平等条约

清道光二十二年七月二十四日（1842年8月29日），耆英、伊里布在南京下关江面的英国军舰上与璞鼎查签订了《南京条约》，这是中国近代历史上的第一个不平等条约。随后签订的中英《虎门条约》、中美《望厦条约》、中法《黄埔条约》、中俄《伊犁塔尔巴哈台通商章程》、中日《马关条约》、中外《辛丑条约》等一系列不平等条约，一步步迫使中国卷进了世界资本主义的旋涡，逐步改变了中国的社会性质，中国由封建社会沦为半殖民地半封建社会。

● 《南京条约》

签订于清道光二十二年七月二十四日（1842年8月29日），共13款，其主要内容有：（一）中国开放广州、福州、厦门、宁波、上海等五处为通商口岸，准许英国人及所属家眷在上述五地寄居，同时准许英国人在五口地区贸易通商，派驻领事等官。（二）中国割让香港岛给英国。（三）清政府向英国赔偿2100万银元。（四）协定关税。在五口通商地区，英国商人"应纳进口出口货税、饷费，均宜秉公议定则例"。即中国海关无权自行确定进出口货物的税率，必须与英国共同认定。（五）废除广东公行制度，英国商人在通商口岸无论与何商交易，"均听其便"。

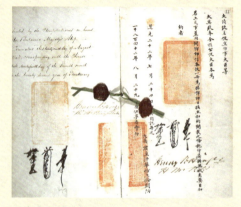

《南京条约》签名页

将来大皇帝有新恩施及各国，亦应准英人一体均沾，用示平允。"此后，这一条款几乎为所有侵略国家所援引。（三）居住及租地权。条约规定允许英国人在通商口岸租赁土地，建屋居住。此外，《虎门条约》还附有《海关税则》，规定了进出口货物"值百抽五"的低税率。

● 《虎门条约》

签订于清道光二十三年八月十五日（1843年10月8日），英国通过此条约，又取得了如下特权：（一）领事裁判权。条约规定英国人在通商口岸犯罪后不能由中国处理，而要"由英国议定章程、法律，发给管事官照办"。（二）片面最惠国待遇。条约规定"设

● 《望厦条约》

签订于清道光二十四年五月十八日（1844年7月3日），在这个条约中，美国享有除割地、赔款以外的几乎所有中英所订条约的各项特权，同时还新增

220

了以下侵略特权：（一）扩大领事裁判权的范围。条约规定美国人与中国人之间的一切刑事案件和民事案件，以及美国人与其他各国人在中国发生的一切诉讼，只能由美国的领事官处理，中国政府官员不得过问。（二）进一步加强协定关税权。条约规定"倘中国日后欲将税例更变，须与合众国领事等官议允"。（三）规定美国兵船可以到中国各港口"巡查贸易"，美国人可以在通商口岸建立教堂、医院等。

《黄埔条约》

签订于清道光二十四年九月十三日（1844年10月24日），通过此条约，法国取得了中英、中美条约中规定的全部特权。在《黄埔条约》中，法国还强迫清政府放弃对天主教的禁令，获得了在各通商口岸自由传教的权利。基督教随后也取得了同样的权利。从此，传教成为外国侵略势力对中国进行政治、经济、文化渗透的一个重要手段。

《伊犁塔尔巴哈台通商章程》

签订于清咸丰元年七月初十（1851年8月6日），通过此条约，沙俄获得在伊犁、塔城免税倾销商品的特权，同时享有领事裁判权等，这个条约为沙俄攫取了重大的经济特权。

《马关条约》

签订于清光绪二十一年三月二十三日（1895年4月17日），主要内容有：（一）割让辽东半岛、台湾地区及其附属岛屿、澎湖列岛给日本。（二）赔偿日本军费白银2亿两。（三）开放沙市、重庆、苏州、杭州为商埠，日本轮船可以沿内河驶入以上各口岸。（四）日本可以在华通商口岸投资设厂，产品运销中国内地免收内地税。此条约使外国资本主义对中国的侵略进入一个新的阶段，大大加深了中国社会半殖民地化的程度。

《辛丑条约》

签订于光绪二十七年七月二十五日（1901年6月10日），共12款，19个附件，主要内容有：（一）清政府赔款白银本息共9.8亿两，以海关等税收作保。（二）保证严禁人民反对外国侵略。（三）拆毁大沽炮台，允许帝国主义国家派兵驻扎北京到山海关铁路沿线重要地区。（四）划北京东交民巷为"使馆界"，允许各国驻兵保护，不准中国人居住。此条约是中国近代史上赔款数目最庞大、主权丧失最严重、精神屈辱最深沉的不平等条约。它的签订，标志着中国完全沦为半殖民地半封建社会。

《辛丑条约》签字时的情景

1840年—1912年

- 1912年 / 清帝退位，中华民国成立
- 1911年 / 辛亥革命（武昌起义）爆发
- 1905年 / 同盟会成立，提出三民主义
- 1901年 / 《辛丑条约》签订
- 1900年 / 八国联军侵华
- 1898年 / 戊戌变法
- 1895年 / 《马关条约》签订、台湾人民反割台斗争
- 1894年 / 甲午中日战争爆发

- 1905年 / 爱因斯坦提出狭义相对论
- 1903年 / 莱特兄弟发明飞机，列宁主义诞生
- 1900年 / 普朗克量子论提出
- 1895年 / 真正的电影诞生
- 1886年 / 德国卡尔·本茨发明汽车
- 1876年 / 贝尔发明电话
- 1871年 / 巴黎公社成立，德意志帝国建立，并颁布宪法
- 1870年 / 普法战争爆发、法兰西第三共和国建立

中外大事年表对比

- 1840年 / 第一次鸦片战争爆发
- 1841年 / 三元里人民抗英
- 1851年 / 金田起义，太平天国运动开始
- 1856年 / 第二次鸦片战争开始
- 1859年 / 洪仁玕《资政新篇》发表
- 1860年 / 圆明园被毁，《北京条约》签订
- 1861年 / 慈禧发动辛酉政变；洋务运动开始

- 1840年 / 英国率先完成工业革命
- 1842年 / 中英《南京条约》签订；魏源《海国图志》出版
- 1848年 / 《共产党宣言》发表，马克思主义诞生
- 1853年 / 克里米亚战争爆发
- 1859年 / 达尔文的《物种起源》发表
- 1861年 / 俄国农奴制改革
- 1868年 / 日本明治维新

少年中国史
Chinese History for Teenagers

创作团队

【项目策划】尚青云简

【文稿提供】李自典

【图片支持】Fotoe.com　Wikipedia　郝勤建　秋若云　堂潜龙